Contra os filhos

Lina Meruane

Contra os filhos

Uma diatribe

tradução
Paloma Vidal

todavia

*"Ter filhos não é para todas as mulheres",
disse minha mãe contra o proselitismo materno
de sua época e da minha. A ela dedico,
com amor de filha, este escrito.*

Não consigo acreditar!
Esqueci de ter filhos!
Sophie Calle

Quantos filhos você gostaria de ter?
Zero.
Roberto Bolaño

E exclamou, para que será que nascemos, e eu
lhe respondi que nascemos porque o casal ficou
a fim e não usou camisinha, e ela me disse que
sempre usaria para não trazer filhos degenerados
a este mundo também degenerado e amargo…
Aurora Venturini

A máquina de fazer filhos 11
Revoluções guilhotinadas 33
Rodopios recorrentes 45
Do in-fértil cânone 75
Tipos de mãe 105
Mãos invisíveis 135
O império dos filhos 149

Agradecimentos 171

A máquina de fazer filhos

A máquina reprodutora continua seu curso incessante: cospe filhos aos montes. E gente morre aos montes também, mas para cada morto, para cada desenganado, há dois-ponto-três corpos vivos lançados ao mundo para tentar a sorte. Há rumores por toda parte de que a pulsão dos filhos é uma resposta instintiva contra a extinção que nos espreita. O chamado a somar crianças, que serão adolescentes, que se tornarão algum dia adultos, manteria a espécie em curso. Mas os filhos, longe de serem os escudos biológicos do gênero humano, fazem parte do excesso consumista e contaminador que está acabando com o planeta.

Eis um paradoxo, não é o único.

A agonia pela aparente "crise de fertilidade" não faz sentido. A Europa pode até ficar aflita pelo envelhecimento de sua população,[1] pode até fantasiar

[1] Sei que o gênero diatribe é incompatível com notas de rodapé, mas vale ir contra essa norma para resgatar algumas questões curiosas. Como, por exemplo, que a Europa tem pavor de desaparecer desde as epidemias que a dizimaram na Idade Média. Decididos a

o surgimento de uma tropa de europeus que ative a indústria, que sustente, com sua renda, a hiperatividade dos mercados e, com suas contribuições, um número desproporcional de velhos cada dia mais centenários dos quais os Estados pós-capitalistas se recusam a cuidar ou se tornaram incapazes de fazê-lo. Mas a Europa, se olharmos bem para ela, se a colocarmos sob uma lupa e um olho aberto, é apenas um pedacinho de terra com um punhado de gente. Um pedaço minúsculo do globo que poderia, se quisesse, se acreditasse no seu próprio relato apocalíptico e se abrisse suas fronteiras vigiadas, solucionar o problema liberando espaço para tanta gente espremida em outros lugares da geografia.

Eis outro paradoxo.

São tantos os condenados pela guerra que procuram asilo! Tantos os que procuram trabalho fora de seus países! Tantos os homens e as mulheres do transbordamento populacional! Na Índia e na China,

repovoar esse continente, chefes de Estado e Igreja colaboraram então para incitar a procriação e, de quebra, condenar por bruxaria as matronas especialistas em aborto. Esse empenho não serviu de nada a longo prazo: séculos mais tarde, em 1960, a população europeia rondava vinte por cento da mundial e a projeção é que, daqui a cem anos, chegará escassamente a oito por cento, mesmo com a contribuição da imigração. Vai saber se essa previsão é correta, vai saber se importa muito.

onde depois de quatro décadas da controversa política do filho único, agora os casais podem ter dois.[2] E são sem dúvida muitos os que se somam aos índices de procriação nas nações menos industrializadas. Difícil não mencionar alguns povos da América Latina. Impossível não pensar na África como um enorme continente parideiro (mesmo ao pensarmos, igualmente, em sua alta taxa de mortalidade). E o excesso de filhos nesses lugares faz parte de seus apuros: esse é outro paradoxo sem sentido.

A máquina de fazer filhos é nossa condenação.

Que ninguém se engane, no entanto. Não irei advogar, nestas páginas, pelo cessamento absoluto da indústria filial. Não subscrevo à deprimente tese malthusiana nem à ideia de que só as pragas e a abstinência colocarão freio na multiplicação natalícia.[3]

2 A tradutora Nan Zheng, filha única dessas políticas e informante deste livro, conta que os chineses com mais recursos econômicos viajam quando a mulher está ilegalmente grávida para dar à luz em terras estrangeiras. Isso fomentou a indústria de clínicas para essas mães e seus filhos no exterior. **3** Mais atraente, menos reprimida, foi a solução de um seguidor de Thomas Malthus. Contrário à abstenção, em 1832, Charles Knowlton produziu um panfleto com instruções simples sobre como evitar engravidar. Seu sucesso editorial foi absoluto e, nem precisa dizer, Knowlton pagou as penas do inferno.

Não acredito no darwinismo populacional nem proclamo no que se segue nenhum sistema de eugenesia. Soluções finais? De maneira alguma!

E também não é a intenção desta arenga defender a cruel investida de um tal Herodes, nem o vingador filicídio da tal Medeia, que, segundo dizem as más línguas do cânone, teria assassinado seus descendentes como o fizeram também, fora do mito e desde a Antiguidade, tantas mães nos sofridos delírios do pós-parto, e tantas outras em são juízo.

Não escrevo a favor do infanticídio, por mais que o recém-nascido do vizinho ao lado interrompa meu sono, por mais que as crianças do andar de cima sapateiem sobre meu teto e meu trabalho diurno.

Não defendo a eliminação de nenhuma vida — embora seja, sim, a favor de todas as formas imagináveis de anticoncepção que não ponham em risco a saúde das mulheres. E sou contra a violência que tantos meninos e meninas sofrem hoje. Não sou contra a infância.

Escrito de outro modo:

É contra os filhos que redijo estas páginas.

Contra o lugar que os filhos foram ocupando em nosso imaginário coletivo desde que se retiraram "oficialmente" de seus postos de trabalho na cidade e no campo[4] e inauguraram uma infância de século XX vestida de inocência, mas investida de plenos poderes no espaço doméstico.

Sou contra a secreta força dos filhos-tiranos nestes tempos que correm, velozes e desaforados como eles — sobre minha cabeça e pelo corredor. Aos berros! Silêncio, imploro, dissimulando minha irritação: não há quem trabalhe no meio de uma bagunça dessas. E não é só contra esses filhos prepotentes que escrevo, mas também contra seus progenitores. Contra os confortáveis cúmplices do patriarcado que não assumiram sua justa metade na histórica gesta da procriação. Contra a nova espécie de pais dispostos a colaborar dentro e fora de casa, mas que parecem incapazes de pronunciar um educativo "acabou!", um certeiro "chega!" para seus filhos rebeldes; sem se abalar, permitem que eles ignorem a paz de seus desesperados vizinhos.

E por que não acrescentar à minha ladainha que sou contra muitas mães. Não todas. Apenas contra as que jogaram a toalha e renunciaram angelicamente a todas as suas outras aspirações. Contra as que aceitaram procriar sem pedir nada em troca, sem exigir

4 Digo "oficialmente" porque de maneira oficiosa o trabalho das crianças em espaços rurais e urbanos continua existindo como modo de sobrevivência de cidadãos desassistidos pelo Estado, mas esse assunto exige uma discussão à parte, um livro à parte.

o apoio do marido-pai ou do Estado. Contra as que engravidaram, acreditando que apanhavam um desavisado, e se viram capturadas pelo filho, sozinhas com ele. Contra as que, numa reciclagem atual da mãe-empregada, tornaram-se mães-totais e supermães dispostas a arcar com casa, profissão e filhos sobre seus ombros, sem reclamar. E não me esqueço das mães prepotentes que, além de engendrá-los (e se dar importância fazendo rodar o carrinho sobre nossos pés), nos obrigam a assumir seus filhos como nossos.

Estou muito contrariada, é verdade, mas não é à toa.

Observo com alarme que a questão dos filhos não prosperou.

Muito pelo contrário, ela experimenta um grave retrocesso.

O que aconteceu? Nós, mulheres, não tínhamos nos liberado da condenação ou da cadeia dos filhos que a sociedade nos impunha? Não tínhamos deixado de procriar com tanto afinco? Não conseguimos estudar carreiras e outros ofícios que nos tornaram independentes? Não conseguimos sair e entrar e sair do cerco doméstico, deixando para trás as culpas? Não tínhamos obtido dos progenitores que assumissem uma paternidade consequente? Não deixamos de tolerar infelizes arranjos de casal? Não é por acaso verdade que são as mulheres que, na sua esmagadora maioria, pedem agora o divórcio e o obtêm? Não conseguimos a guarda compartilhada? Não conseguimos decidir como criar nossos filhos? Não colocamos limites para eles? Quando foi que se tornaram vitimários impunes nossos e de seus pais? O que os transformou nos invencíveis ditadores que agora são? Em clientes aos quais é preciso satisfazer com uma multidão de presentes? Em anões executores de um imperativo de serviço doméstico que continua mais vivo e ativo do que nunca?

A tantas perguntas acrescento uma última.

Não tínhamos concluído que o feminismo já estava démodé, que podíamos esquecer seus lemas porque tínhamos vencido a luta e podíamos nos dedicar a desfrutar do que atingimos?

Crasso erro, senhoras e senhoritas.

Prestem atenção: a cada êxito feminista se seguiu um retrocesso, a cada golpe feminino um contra-golpe social destinado a domar os impulsos centrífugos da liberação.

O velho ideal do dever-ser-da-mulher não bate em retirada de modo tão fácil, solapadamente retorna ou torna a se reproduzir tomando novas formas: sua encarnação contemporânea agita os pés entre fraldas e berra sem descanso junto a nós.

Mantenhamos ainda em suspenso o pressentimento que anima meus dedos beligerantes sobre o teclado e imaginemos como a máquina da fertilidade põe em sincronia o relógio biológico e os alarmes sociais para ativar em nós a pulsão de procriar. Não foi à toa que as velhas feministas erigiram a ideia, sem dúvida revolucionária, de que a maternidade estava menos sob influência dos hormônios — o "corpo como destino" defendido por dom Sigmund Freud — do que da sua construção cultural.

Quem sabe para divergir um pouco das posturas antitéticas, defenderei uma hipótese que as combina. E já que ninguém me impede — apesar dos pesares, sou eu quem assino esta diatribe —, lanço minha conjetura como certa: no ter-filhos não persiste só o chamado biológico (o proverbial relógio fazendo saltar seu insuportável tique-taque), mas a ele *se acrescenta* o insistente alarme do ditado social: somam-se os hormônios e os discursos da reprodução, fazendo com que ao mandado materno se torne difícil se esquivar. É como se, no fundo, para além de nós mesmas, de nossa possível resistência, estivesse soando um disco demográfico arranhado, exigindo ou estimulando, a cada volta, de maneira estranhamente compassada, que continuemos fazendo filhos.

Esse duplo mecanismo explica a ininterrupta proeza de engendrar, parir, ninar e para sempre estar ligada a um filho ou a vários (ter só um é malvisto). A complexa maquinaria entra em movimento na infância, com a boneca de pano, com os apetrechos domésticos em sua versão brinquedo-de-plástico, com as narrativas que enaltecem de maneira precoce a procriação. E a boneca nos braços não é nada inocente: "Ao dar uma boneca de presente a uma menina se está dando, por acréscimo, sua maternidade", adverte a escritora chilena Diamela Eltit. "Ao dar de presente a um menino um carrinho o que se dá é sua capacidade de dirigir. A capacidade de continuar um caminho e encabeçá-lo." Quem não puder dirigir, deverá ser dirigido, e as mulheres são empurradas a seu destino materno. Tão poderosa (tão *normalizada*, diriam as senhoras acadêmicas) é essa imagem da menina mexendo a panela com sua boneca nos braços que algumas mulheres adultas não conseguem sequer se questionar se desejam ou não uma boneca de carne e osso.[5] Nem passa pela cabeça de muitas essa pergunta. Outras a evitam porque intuem que

5 A propósito de bonecas, permitam-me este aparte. À maternidade natural e à assistida produção de crianças-in-vitro, somou-se toda uma indústria de recém-nascidos de silicone: suaves e moles e idênticos aos de carne e osso. A demanda desses alucinantes "bebês de borracha", que costumavam ser receitados, como terapia, a mães que tinham perdido seus filhos, aumentou num espaço definitivamente afastado do imperativo biológico: os asilos geriátricos.

poderiam concluir que esse é um querer emprestado ou imposto, ao qual foram conduzidas. Um querer alheio, mas invencível.

E não digo que seja fácil se abster.

A partir dos vinte, a pergunta materna lançada a toda mulher (raramente a um homem) não é *se vai ter* filhos ou não, porque um "não" seria inconcebível, mas *quando* pensa em tê-los. E se o relógio biológico que antes soava ao vinte e tantos falhou e essa mulher passa dos trinta, a fatídica pergunta adquire um volume categórico: ativa-se o despertador social tentando fixar uma data. À medida que o corpo-sem--filhos de uma mulher avança imperturbável em direção aos trinta e cinco, os comentários se tornam sem dúvida impertinentes. Caem como martelos.

E então?

Quando você vai se decidir?

Como assim "não"?

É um egoísmo não ter filhos.

Nada pior do que a vaidade numa mulher.

Você logo vai mudar de opinião.

Entre o pressionador *quando* e o *vai* e o *ter* e o *filhos*, o fantasma de um temor enraizado. Que uma mulher fique para sempre *incompleta* (como se os filhos fossem uma extensão do seu corpo, um pedaço de sua identidade, o modo de aperfeiçoar esse ser informe e deficitário que seria a mulher). Mas há outro pensamento ainda mais angustiante: que essa mulher tenha meditado um convincente por-que-não-ter-filhos ou que esteja respondendo a seu desejo nulo de tê-los. Que esteja satisfeita e inclusive celebre a ideia de que nem toda mulher deve ser mãe e que ela se declare sócia permanente desse clube.

Esse raciocínio não parece socialmente aceitável, por mais que careça de lógica e seja evidente que nosso sobrecarregado planeta agradeceria uma míngua na fertilidade. Mas não pensa assim nem agradece esse pensamento a legião das mães-militantes. Elas (não todas, só as que militam, que já são bastantes), elas, repito, costumam reagir com virulência diante da negativa. Sentem-se julgadas, algumas, sobretudo aquelas que em mais de uma ocasião se questionaram em segredo o que ter filhos significava para elas e o que eles ainda impedem; essas ou aquelas devem ter feito um enorme esforço de racionalização para aceitar suas vidas pós-filhos. Enfrentar a aprazível ou exultante certeza das mulheres-sem-filhos representa uma contrariedade para as mães que duvidam ou se arrependem sem se atrever a dizê-lo (a dizê-lo a si mesmas e aos outros). Faz rebentar uma resignação arduamente construída.

Por isso é crucial importunar as sem-filhos. Por isso: assinalá-las, questioná-las, interrogá-las, censurá-las. Por isso repreendê-las, mexer a cabeça de um lado para o outro e reiterar gastas repreensões somadas a um sorriso de suficiência.

Você vai se arrepender quando for tarde demais, querida.

E talvez por isso a língua castelhana ainda não tenha se aberto para uma palavra que descreve sucintamente seu desobediente desejo. Não que o termo não exista: *childfree* apareceu nos anos 1970 no mundo anglo-saxão, onde até então as poucas mulheres-sem-filhos diziam "não posso", em vez de dizer, como diriam a partir de então, mais numerosas, mais livres, mais legitimamente: "não quero, nem agora nem nunca". O matiz mudou, child*free* (*livre-de*-filhos) distinguia uma não-maternidade *escolhida* ou *assumida* de outra situação, *sofrida*, *carente*, *estigmatizada*, de não ter tido filhos porque não foi possível: child*less*.[6]

E a mulher-sem-filhos, a ainda-sem, a que pensou a si mesma mãe-em-casal, mas ainda não casou, a profissional que pensou nisso, mas não tem tempo, a que

---

6 Alguns continuam usando este último, mas, conscientes do matiz vitimista do child*less*, acrescentam um *by choice*, e então fica assim: sem-filhos-*por-opção*.

dá de ombros quando lhe perguntam e raramente responde, ela fica meditando, intrigada e vagamente assustada pela ideia de que o tempo está vindo para cima dela: a antiquada esteira do trem que já está partindo, deixando-a sozinha na estação com um coro de insistentes sussurros que se unem ao seu redor, empurrando-a a tomar a decisão. São as vozes das mulheres-mães e das sogras que desejam ser avós, ou das avós que sonham em ser bisas, ou tataravós, na cantata da procriação. As vozes de tantas que temem ver truncada a gesta reprodutiva, que buscam confirmar seu sacrifício passado no corpo presente da sem-filhos. Umas vozes que frequentemente se misturam com as insistentes e até vociferantes palavras de ordem provenientes das altas esferas de poder.

Assim é: um coro e tanto de sopranos, barítonos, tenores, baixos: o *vibrato* potente do patriarcado. Erguem-se precisamente agora quando, pela primeira vez na história, reproduzir-se não pode ser dado como óbvio; agora que começa a se falar da revolução-dos-sem-filhos.

É isso o que pregoam, todas juntas, as vozes. Com tom e com som.

Filhos! O vetusto mas enérgico chamado da religião (não importa o credo, o evangelho da procriação é sempre o mesmo) promulgando, como ventríloquo de alguma divindade masculina, o crescer, o multiplicar-se, o encher a terra de sucessores e seguidores, proibindo, em latim ou nas línguas que julguem necessárias, e de costas a todo raciocínio, qualquer método seguro de anticoncepção.

Filhos, filhos! O sistema capitalista finge outra crise produtiva e exagera um asfixiado suspiro exigindo dos corpos femininos que façam sua gestão privada, privatizada, desassistida, enquanto o Estado dá sinais de um iminente colapso.

Filhos! Repetem sem cautela os porta-vozes de ideologias reacionárias. Pedem filhos que sem constrangimento mandarão às catacumbas se saírem rebeldes e, é claro, pedem filhas pouco voluntariosas e extremamente férteis que colaborem com a tradição da vida-a-qualquer-preço, incluído, não esqueçamos, o de suas próprias existências.

Escrevo isso e não digo nada de novo ainda: apenas recolho os ecos que saturam as páginas de tantas mulheres que nos precedem. Entre tantas, escolho uma, por detalhista e desordeira, e porque vem de uma esquina do planeta, na letra de Marta Brunet, escritora chilena sem descendência: "Tanto pirralho!", pergunta-se o narrador de seu último romance, *Amasijo*. "Para quê?"

Assim exclama e amplamente responde:

"Para o trabalho, a miséria, o sofrimento, para a morte. E a humanidade enlouquecida procriando. Tenha filhos... Os felizes pais de uma prole numerosa... A designação familiar... O Presidente será padrinho do sétimo filho macho. Prêmio à melhor mãe... Viagem oferecida ao casal mais prolífero... Nasceram trigêmeos... O país conta com dois casais de quadrigêmeos... A população infantil aumentou numa porcentagem satisfatória, apesar das apreensões de seus governantes."

Mas a narrativa contém seu próprio contraponto:

"Faltam maternidades... Uma mulher deu à luz numa delegacia... Não há escolas... Os estudantes estão subalimentados... Um terço das crianças lactantes morre antes de completar um ano... Não há leite... Falta cálcio nos alimentos... Escasseiam os quartos... As favelas se espalham... Há desemprego."

E Brunet não fala da fadiga das mulheres, nem da morte durante o parto, nem menciona as bocas desdentadas das mães de então, que perdiam os dentes pela má alimentação e pela lactação. Essa pobreza que o Estado não corrige enquanto continua sua propaganda procriadora frenética e contraditória:

"Mas não importa... Precisamos de bebês, de crianças... Tenha um filho... Tenha dois filhos... Case-se...

Ou não… Viva com uma mulher… Não viva com uma mulher… Não ame uma mulher… Mas deite-se com uma mulher e fecunde suas entranhas, porque precisamos de filhos… O país precisa de filhos, a humanidade precisa de filhos… Não importa que parte desses filhos morra. Algum seu ou do outro, ou da outra, sobreviverá e se educará ou não se educará, terá trabalho ou não terá trabalho, terá um lar ou não terá, será feliz ou não será feliz, mas não importa. […] Filhos, sim, filhos, para o sofrimento, para a fome, para a angústia, para a destruição. Tudo para a morte, para a morte, para esse fim."

Nessa maré de vozes discordantes, algumas mulheres, sem querer, acabam aceitando o chamado. Quem sabe não sejam antifilhos convictas, ou quem sabe só foram fugazes militantes da anticoncepção. Estavam simplesmente postergando a decisão contra o rugido da plateia. Os vinte anos não eram o momento perfeito para se lançar. Havia outros malabares a serem realizados. Acrobacias educativas, de trabalho, criativas, cuja interrupção poderia lançá-las ao vazio. Equilíbrios emocionais e econômicos a alcançar, antes. E a ciência colaborou com essas mulheres abrindo a janela temporal da fertilidade: desde que os prazos se estenderam, por obra e milagre da biotecnologia, muitas mulheres (aquelas que podem assumir seu custo discriminatório) tomaram a decisão rondando ou passados já os quarenta.

Essas mulheres ainda-sem-filhos não se deixaram assustar pela ladainha do "coitados filhos de mães-velhas" (anciãs que desconsideraram a pergunta pelo *quando*!). Conseguiram ignorar a veterana aversão de certos médicos que ainda falam, não sem desprezo, de "primíparas idosas",[7] optando por ginecologistas mais acostumados com as clínicas de fertilidade.

Sozinhas ou acompanhadas, por homens ou mulheres, essas mães-*tardias* fecharam os olhos e engoliram um monte de hormônios para conceber os filhos que, a essas alturas, a natureza preguiçosa se resiste a lhes mandar: milagre da ciência é que, com tanto entusiasmo, às vezes ficam prenhes de dois ou três rebentos em vez de um só. E as outras, as mães-*milagrosas* (mães-pós-menopausa), conseguem cumprir também seu propósito diante do olhar atônito e enojado de muitos que se negam a aceitar a possibilidade

---

7 Esse termo, de ressonâncias ofensivas, costumava ser usado para as mulheres que tinham o primeiro filho com trinta anos; deslocou-se depois para as de mais de trinta e cinco, mas agora que se tem filhos em idades mais avançadas, ele foi sendo abandonado. Há uma espécie de consenso tácito, quer dizer, uma mudança na ideologia mais do que na matéria do corpo, de que uma mulher que tem o primeiro filho aos quarenta não é hoje o que era há três décadas.

de uma anciã grávida.[8] Não falta o prêmio de consolação se esse plano de última hora fracassar: sobram as barrigas de aluguel (e há algumas barrigas voluntárias de mulheres viciadas em gravidez) e sobram crianças abandonadas em busca de um lar.

E isso me inquieta: será que essas mães, as *tardias*, as *milagrosas*, não acreditam *se completar* com um filho para descobrirem que na aparente soma mulher+mãe vai se subtraindo a parte mulher? Não prepararam uma armadilha a essas mães-de-último-minuto?

Que me desculpe a multidão de mulheres-mães (e o crescente, embora ainda insuficiente, número de pais comprometidos) por colocar em questão sua imperiosa necessidade de filhos. Dirão que ninguém me dá permissão para me referir, tão enfática, tão

---

8 Lamento esta outra nota, tão próxima e longa, mas voltam à minha memória, enquanto escrevo, duas imagens. Uma é a foto de uma grávida de cinquenta e quatro anos que posa, grisalha, enrugada e sem roupa, para a revista *New York Magazine*, imitando o luxurioso nu materno de Demi Moore vinte anos antes. O título revela inquietude pelas maternidades *milagrosas*: "Será que ela está muito velha para isso?". A outra imagem é do conto "Tempo das frutas", em que Nélida Piñon, escritora brasileira, solteira-sem-filhos, relata o nojo experimentado por uma mulher jovem diante da gravidez de uma anciã viúva. É um fato inexplicável, de ressonâncias bíblicas, mas para a jovem se trata de um "filho imperdoável numa velhice de setenta anos" que rompeu "os limites da natureza".

drástica, tão severa, a um assunto do qual desisti cedo e de cuja renúncia nunca me arrependi. Dirão, para refutar meus ditos, que não ter sentido esse clamor não me dá direito de chamar-lhes a atenção. Dirão que não sei do que estou falando, que exagero meu truque retórico, que distorço a realidade. Que gerar é, na vasta maioria dos casos, um ato voluntário originado no amor, o gesto gratuito e generoso de trazer ao mundo um ser vivo e patrocinar sua existência. Que há na criação o sentimento do gregarismo, o prazer de compartilhar a vida com outros, de imaginar a velhice acompanhada. E dirão que a maternidade não é uma obrigação estipulada no contrato matrimonial: nenhuma mulher é forçada a conceber, acrescentarão, porque existem, é certo, múltiplas maneiras de evitar a gestação ou de cancelá-la no meio do caminho. (A um quarto do caminho, e não é tão simples.)

Eu não acho que desafino nenhuma nota quando digo que a melodia do gramofone social se intensificou. Sua agulha não passa nunca por uma educação sexual que ofereça opções ou uma planificação social que aceite a abstenção reprodutiva; a agulha do disco antes repete a linha que chama a aceitar os rebentos que despontarem entre as pernas de suas mães. Arranha a agulha — aproveito para espremer a metáfora —, na batida manipulação de verdades anticonceptivas: a exaltação da equívoca contagem dos dias férteis, a ênfase nas contadas falhas de camisinha, a animada defesa do embrião como ser humano ("já pensante!", dizem alguns, "munido de alma!", alegam outros) que uma mulher *assassina* a base de fármacos; a criminalização do aborto total ou parcial, ao qual se acrescenta seu alto risco na ilegalidade e seu alto custo em âmbitos legítimos.[9] Completemos o quadro materno-musical com um fato mais comum e por isso menos evidente: a implacável repetição de exortações à gravidez pendente ao fio da celebração de maternidades cumpridas, destinadas, ambas, a despertar nas mulheres-não-mães, ou não-mães-ainda, uma enorme ansiedade.

Para piorar a situação, o que as mulheres que aceitaram a guinchante demanda de maternidade não esperavam era deparar com um aumento nos requisitos da boa-mãe. A ela agora é recomendado o retorno

---

9 Aproveito estes subterrâneos da página para apontar também situações inquietantes como a aprovação de uma lei no Arizona em que se estipula que as mulheres estão "legalmente grávidas duas semanas antes da concepção". Quinze dias antes da cópula que a engravidou! Essa norma, criada para reduzir o período legal do aborto a dezoito semanas em vez de vinte, consiste em calcular a data de início da gravidez no primeiro dia da última menstruação, questão que não apenas manipula provadas verdades científicas sobre o momento da fertilidade, mas criminaliza as mães-em-potencial.

ao parto sem anestesia, a prolongação da lactação, a fralda de pano, o perpétuo leva e traz das crianças a suas numerosas consultas médicas, pedagógicas e sociais (porque não podem ir a nada por conta própria); e soma-se o novo tempo *de qualidade* que reduz sua independência.

Eu não deveria abundar nesses resmungos aqui — já o farei, extensamente, mais adiante —, apenas assinalo que nossas mães (e menos ainda nossos pais, que não mexiam um dedo) não passaram por esse excesso de obrigações. Não viveram isso nem as mães-donas-de-casa nem as mães-profissionais, mesmo que estas últimas experimentassem um desassossego culpado. Todas pegavam no pesado e aguentavam recriminações, mas souberam se esgueirar de algumas delas e confiaram no futuro, esperando que seus filhos fossem mais colaboradores do que seus pais, e que suas filhas não tivessem que se esforçar tanto. Mesmo quando algumas conseguiram, e nos deixaram companheiros e companheiras mais entusiastas pelos rigores da casa, eles, os trabalhos, só fizeram aumentar e se multiplicar à medida que diminui o número de filhos. E assim as mulheres-mães têm mais direitos, mas também mais deveres, e mais presença pública, enquanto no âmbito privado também exige-se delas mais do que nunca.

Um novo subterfúgio está sendo lançado contra as mulheres para atraí-las de volta a suas casas.

O instrumento desse contragolpe tem um velho apelativo:

Filhos!

Revoluções guilhotinadas

Rebobinemos a fita do tempo, mesmo que não seja imprescindível fuçar tão atrás na gestão e na gestação da ideia do filho. Mesmo sem retroceder, dou por sabido ou suposto o seguinte paradoxo: que todas as revoluções libertárias, qualquer que tenha sido seu signo (as guerras de independência, as contendas sociais, as sucessivas mobilizações da história), despertaram nas mulheres uma consciência de sua situação desfavorecida. As mulheres tornaram seu o alarido libertário, saíram às ruas e aos campos de batalha para lutar por dona Igualdade e por si mesmas. Mas que elas tenham chegado junto dos homens e colocado o corpo na linha de fogo não bastou para lhes outorgar direitos de nenhum tipo. Com assombrosa simetria em todo o mundo e em todos os tempos, acabada a contenda em curso, as mulheres eram devolvidas a casa sem ter conseguido liberdade alguma.

O sempiterno chamado aos inofensivos papéis que a convenção mandava serviu-se sempre da retórica da maternidade.

A procriação para compensar as baixas.

A criação para assegurar a renovação de corpos cidadãos.

O serviço materno obrigatório como única contribuição cívica da mulher.

A maternidade: uma palavra de ordem à prova de revoluções, um dogma contrarrevolucionário.

E já que estou falando de revoltas de toda índole, insisto neste dado da causa que não passou inadvertido para as já idosas heroínas: o fato infame de que as mulheres compartissem suas vidas e também, sem dúvida, suas mortes, para obter direitos que não lhes seriam garantidos e menos ainda outorgados depois da batalha. Longe de lhes conceder novas formas de incidência soberana, o casamento amputava suas possibilidades de ação pública. A recém-casada delegava todas as decisões políticas a seu marido, consentia, por força, a entregar o controle do dinheiro (o que trouxesse como dote ou o que pudesse ganhar com seu trabalho ocasional); concedia-lhe o poder e a palavra, ficando excluída de sua própria existência social. Ter filhos selava as portas de sua nova prisão: a responsabilidade da mulher-mãe era cuidar da prole a portas fechadas, enquanto o homem saía para a rua para intervir na vida que transcorria agitadamente fora do lar.

Dar marcha a ré agora permite perscrutar os dilemas que antes enfrentavam tanto as revolucionárias como as pensadoras (embora dizê-lo seja redundância, muito frequentemente as pensadoras eram revolucionárias). Retroceder permite singularizar certas figuras emblemáticas que se tornaram borradas para nós.

Refresquemos um pouco a memória lembrando uma entre tantas: a escritora americana Judith Sargent Murray, que propôs que se incluísse a igualdade entre os sexos e se expandisse a ideia de fraternidade na Declaração de Independência dos Estados recém-Unidos. É verdade que ela não estava sozinha, que pensou isso na esteira das teses liberais de John Stuart Mill (reconheçamos, mesmo que de passagem, a contribuição desse homem extraordinário) e do lema igualitário da Revolução Francesa; mas não se trata da autoria das ideias, mas da valentia para expô-las e exigir que sejam colocadas em prática. Essa mulher, casada duas vezes e nada submissa, expressou sua demanda cívica em um ensaio de seu punho, em 1790. Ela levantaria a voz depois, no Congresso da nação, para perguntar a seus pares onde residia a deficiência ou a diferença da agudeza mental feminina e em que eles se apoiavam para não considerar as mulheres suas iguais.

Essa certeza sobre a igualdade intelectual vinha sendo afirmada desde antes por outras mulheres-de--letras. Cento e cinquenta anos antes, e na Nova Espanha, sor Juana Inés de la Cruz perguntara algo parecido aos padres reunidos a seu redor no convento onde se confinou para eludir os rigores da vida doméstica. Juana de Asbaje não era uma revolucionária, nem uma guerrilheira, nem uma soldada, era uma sábia enclaustrada que não chegou a se interessar pela igualdade cívica, nem pela igualdade doméstica, nem refletiu por escrito sobre o tema dos filhos. Apresentou-se a ela esta outra questão: a igualdade intelectual das mulheres. A inteligência, deu-se ao luxo de anunciar e de provar a seus contemporâneos, não tem sexo. As possibilidades da mente eram as mesmas, porque mulheres e homens eram humanos na mesma medida.

Da igualdade mental à legal ou à cívica, há apenas um passo. E não é nem um passo longo nem enrolado. Essa foi a marcha que empreenderam as intelectuais-revolucionárias do norte sem ter ouvido falar dessa freira mexicana. O mundo não era tão pequeno como agora, as notícias corriam mais lentamente e chegavam com escassez do sul. Mas não foi necessário. A igualdade era uma verdade que caía de madura, e muitas mulheres iriam reclamá-la.

Mais cedo ou mais tarde.

Esse foi o ponto que bordaram e abordaram as pensadoras de todas as larguras e latitudes: a célebre Sargent e a mais reconhecida escritora anglo-inglesa, Mary Wollstonecraft, que começou a trabalhar aos dezesseis anos e acabou sendo diretora de uma escola com uma irmã sua (que ela ajudou a escapar de um marido sinistro). Essa pensadora começou ridicularizando a imagem da mulher como "encantadora e indefesa" — uma imagem feminina que, como se verá, sobrevoa a história —, e, em seguida, denunciou a sociedade por ter criado "aprazíveis animais domésticos", sem educação, mulheres "nojentamente sentimentais e bobas", cujo único destino possível era a procriação. Por sua falta absoluta de educação, de interesses, de ambições! Que horror!, diria essa mulher que, para arrematar, proclamaria que as damas tinham, sim, desejos sexuais, e tão ardentes quanto os dos homens.

Em sua versão menos escandalosa — embora suas palavras sempre tenham produzido comoção —, Wollstonecraft se propôs a reivindicar, em 1792, o direito da mulher à educação usando, paradoxal mas estrategicamente, o destemperado argumento do serviço aos filhos. Se as mulheres educavam os futuros cidadãos, elas deviam receber suficiente educação, para levar a cabo seu trabalho docente. A educação era, além disso, imprescindível para colocá-las à altura intelectual de seus maridos e salvar o casamento burguês do tédio mais absoluto. Elas não podiam ser meramente decorativas, elas deviam ter uma função mais elevada.

Wollstonecraft estava exigindo dos seus pares algo que os rapazes franceses da liberdade, igualdade, fraternidade também estavam negando a suas companheiras numa revolução que ainda estava em curso enquanto Wollstonecraft levantava a mão para assinalar seus argumentos. Retornaremos aos revolucionários e às revolucionárias quando a inglesa terminar de escrever o ensaio em que defendia a educação da mulher. É preciso dizer que ela deixou a tinta correr movida por uma urgência do momento: opor-se por escrito a um dos rebeldes parisienses da liberdade, igualdade etc. que tinha acabado de declarar diante da Assembleia Nacional Francesa que as mulheres deviam receber apenas uma educação doméstica. Uma educação que as treinasse na administração da casa, na complacência do marido e dos filhos.

Ponto.

Mary Wollstonecraft não dava crédito.

Apressou a pena e acabou sua proclamação sem tempo para revisá-la e não ficou satisfeita. Por carta, a seu segundo marido, anunciou que voltaria a seu escrito, mas nunca chegou a fazê-lo pois morreu no parto do segundo filho. Chegou, no entanto, a se perguntar, nesse documento, como era possível que tal coisa estivesse sendo defendida na terra da fraternidade. Sem dúvida, ela teria gostado de saber como tinham respondido a semelhante declaração, tão contrária aos grandes princípios igualitários, as sublevadas moças parisienses. Porque temos que advertir que essas palavras tão obtusas, tão pouco igualitárias eram precedidas — tão patriarcais, por mais que nos pareça velha essa palavra! —, essa terrível afirmação era precedida, repito, diante da Assembleia Francesa pela mesmíssima *Declaração de direitos do homem e do cidadão*, que também não incluía, em ponto algum, a mulher-cidadã.

Outro horror que esquecemos.

Em plena Revolução, a mulher francesa carecia de cidadania. Era considerada uma prolongação do homem quando entrava em contrato matrimonial com ele. Nós crescemos escutando que a palavra *homem* incluía toda a humanidade, mas isso é rotundamente falso. *Homem*, na barulhenta declaração dos direitos naturais, fundamentais, inalienáveis e até sagrados — quantas palavras altissonantes —, só considerava o gênero masculino e nem mesmo todo esse gênero. Cidadão era homem maior de 25 anos, dono de propriedades. Na ordem da cidadania revolucionária, não se incluíam nem as crianças, nem os pobres, nem os escravos.

Nem, claro, as mulheres.

Ponto.

Talvez repito lugares inquietantemente comuns, mas é importante lembrar, mesmo que seja uma lembrança concisa, que até as ardentes lutadoras francesas e as estrangeiras chegadas à Revolução em Paris vinham se queixando da falta de igualdade. Foram inúteis, no entanto, as advertências de feministas como a holandesa Etta Lubina Johanna Palm d'Aelders ou de filósofos liberais como Nicolás de Condorcet (ele também tem seu lugar nesse conciso apanhado, como defensor dos direitos cidadãos das mulheres. Mas, por termos que abreviar, o deixaremos de lado). A holandesa se queixou de que a nova República favorecia os homens em detrimento das mulheres e lembrou-lhes que os homens sempre gozavam de mais vantagens e recompensas, e que a revolução devia transformar também essa hierarquia. Ousou dizer que os preconceitos contra as mulheres tinham transformado os mais altos deveres de esposa e mãe numa forma de escravidão doméstica.

Ao chamado de atenção da holandesa — que, como poderão supor, acabaria logo e mal —, somaram-se as grandiloquentes palavras de uma tal Olympe de Gouges, que, em plena estridência revolucionária, não apenas ergueu a voz, mas também a pena para redigir uma contradeclaração de direitos. Uma verdadeira insolência, a dessa dramaturga e ensaísta francesa. Foi isso o que pensaram seus pares, mas também ela própria: o que estava acontecendo era inconcebível. Um insulto à liberdade e aos proclamados etcs. da resplandecente Revolução. Sua *Declaração dos direitos da mulher e da cidadã* (a de Marie Gouze, que assinou De Gouges) parodiava ponto por ponto o documento anterior, mudando, com mais ironia do que os solenes e sanguinários rapazes da Revolução poderiam suportar, a palavra *homem* pela palavra *mulher*, a palavra *cidadão* pela *cidadã*. De Gouges, decepcionada com a vida conjugal da qual foi liberada por uma fortuita viuvez; De Gouges, decidida a não se casar de novo, decidida a não ter outro filho, convocava de maneira incendiária as "mães, filhas e irmãs", todas "superiores em beleza e em valentia na hora do sofrido parto", a exigirem sua própria Assembleia Nacional e a fazer parte de uma nova declaração de igualdade sem exceção de direitos e deveres com os homens.

Uma verdadeira sediciosa de gênero que se atrevia a pôr no papel a realidade dos filhos e de suas mães numa França onde as mulheres nunca tiveram uma identificação entusiasta demais com a maternidade.

(Leram bem, falta de entusiasmo. Deixem que explique essa asseveração que peguei emprestada da filósofa Elisabeth Badinter, também francesa e feminista e mãe, mas contemporânea. Segundo essa mulher-de-letras, mesmo antes da Revolução, a *femme* francesa costumava não se pensar antes de mais nada como mãe. As mulheres das classes altas, depois médias, sempre contaram com amas de leite às quais entregavam alegremente os filhos recém-nascidos, filhos que, quando crescessem, seriam colocados nas mãos de instrutoras e depois enviados a internatos. As responsabilidades maternas eram, em bom castelhano, socialmente embaraçosas para elas: esperava-se que as fêmeas de certas classes dessem prioridade a seus maridos e ao círculo social e seus afãs políticos e intelectuais. *Très bien!*)

Isso talvez explique que, em sua reescrita da ditosa declaração dos direitos masculinos, Marie Gouze se detivesse mais na mulher-cidadã do que na mulher-mãe. Que só dedicasse um olhar de viés à situação das mães no artigo relativo à liberdade de expressão: ali não apenas faz uma substituição de substantivos masculinos por femininos, mas acrescenta o direito das *mères* de expor a identidade do pai de seus rebentos. Não para lhes exigir casamento (e não é de se estranhar, dado o currículo matrimonial de Olympe), mas para demandar que os filhos fossem reconhecidos. A bastardia era então, e continua sendo, motivo de discriminação para os filhos e para as mulheres-mães. Era motivo também de pobreza para as famílias regidas por mulheres sozinhas que não tinham com quem deixar os filhos enquanto trabalhavam. E somado a este último aspecto, ou ao anterior, De Gouges inseriu também entre suas reivindicações a criação de um sistema de proteção estatal aos menores, para que as mães pudessem realizar seus trabalhos em todos os planos. A igualdade de direitos nunca seria suficiente se não se resolvesse essa questão espinhosa: o que fazer com os filhos quando não se contava com fortuna própria.

Meu ponto é: De Gouges reconhecia o lugar vulnerável dos menores nascidos fora da lei e da ausência regulatória do novo Estado nesse assunto, reclamava diante da situação deficitária das mulheres-mães abandonadas por seus companheiros (uma tradição já milenar!) e convocava as mães e outras fêmeas a acordarem — é essa a palavra que lança, *réveille-toi!* — para exigir, de uma vez por todas, usando os imperativos racionalistas, tudo o que a Revolução devia a elas.

Ponto.

Os rapazes revolucionários, acho que já insinuei, não acharam a menor graça na razoável provocação apresentada por De Gouges.

Logo logo sua moção foi censurada de subversiva e seu pescoço guilhotinado.

Rodou sua cabeça, como era de se esperar.

Suas ideias mal salpicaram o enfurecido povo francês, que não respeitou nem as mães.

Ficou aí a proposta, quem sabe a mais lúcida da época, acumulando pó e esperando um momento mais propício, mais luminoso. Um momento para a verdadeira revolução das mulheres-mães. Com essas pensadoras se fecha esse século do passado longínquo, e atrás vêm as sufragistas, pisando seus calcanhares: mais conhecidas e tornadas legião, essas mulheres se multiplicariam pelo mundo exigindo o voto de igualdade política e econômica. Elas conseguiram que as mulheres saíssem à rua para fazer sua própria revolta, exigindo benefícios estatais para as mães e salários igualitários para as mulheres-profissionais. Não conseguiram fazer frente comum com todas as suas pares, mas pelo menos colocaram sob suspeita, com barulho e passos velozes, o prestígio até então intocável da maternidade.

Rodopios recorrentes

Pulemos agora cem anos para a frente, sem alcançar ainda o presente. Caiamos de pé sobre o século passado. Demos uma olhada ao redor enquanto sacudimos a saia e as calças e levantamos as meias ou amarramos os sapatos.

Vocês perguntarão a que se deve tanto saracoteio e é o seguinte. Avançar de maneira descontínua pelo tempo e pela geografia permitirá que tenhamos uma ideia de certo estado da situação e do movimento pendular e reincidente da questão materna. É comum observar como essa história avança e recua e avança e recua de novo, e, ao mesmo tempo, ir cortando caminho por onde seja possível para chegar logo ao presente.

Comecemos circunscrevendo o foco sobre as vacilantes mulheres-de-classe-média. Mais educadas, mais informadas, mais inclinadas à mudança do que as mulheres-proletárias da época (porque para estas, entre o trabalho na fábrica e em casa, o dia não seria suficiente para organizar revoltas, ainda que muitas vezes tenham participado delas). Centremo-nos nas mulheres-de-classe-média, cuja relativa estabilidade esteve sempre desprovida de apoio suplementar. Eram mulheres que aceitaram cumprir tempo de serviço obrigatório em lares regidos por horários fixos e rotinas implacáveis. Mulheres mais à beira da ladeira social do que as donzelas de posses das classes altas. Mais suscetíveis aos murmúrios feministas que pouco a pouco começam a se infiltrar por suas portas entreabertas, incentivando-as a não continuar postergando a si mesmas na realização exclusiva daquilo que a biologia lhes outorgava como uma possibilidade entre tantas.

Tragamos à cena essas fêmeas genéricas e demos a ela um rosto, uma voz, um corpo preciso; recolhamos os modos como a literatura do último século registrou seus dilemas. Olhemos, então, essa mulher ainda prisioneira do lar e de um ideal que a vida vitoriana inventou para ela.

É um antigo ideal que a assedia, esse que continua entre nós: viemos o arrastando há muito tempo. E esse ideal toma a forma do anjo-da-casa, descrito, ou melhor, descrita, porque esse anjo é feminino, num pobre livro de poemas do então célebre (agora felizmente esquecido) Coventry Patmore. Usando como modelo sua mulher morta, quem sabe um desses "aprazíveis animais domésticos" sem educação criticados por Mary Wollstonecraft um século antes, o poeta inglês realizou a elegia e o elogio da esposa serviçal, silenciosa, sorridente, sentimental: a mãe disposta a sacrificar tudo pelos outros. Esse era o anjo do seu verso. Mas eu já disse: a figura não era de Patmore apenas. Esse poeta e tantos outros de seus contemporâneos só eram ventríloquos sociais, sintonizando um desejo e plasmando-o na página.

A imagem do anjo era poderosa: por mais que as feministas esperneassem e fossem incidindo nas leis, numas poucas leis, esse anjo vitoriano e inglês continuaria presente e proliferando na imaginação social. Ele encontraria outras encarnações escritas e visuais que traçariam a figura de lânguidas mulheres em pose delicada. Assim as retratam os homens e assim posam as mulheres, porque, como diria Simone de Beauvoir, "o opressor não seria tão forte se não tivesse cúmplices entre os próprios oprimidos". Dito de modo menos categórico, as próprias mulheres colaboraram na criação e na manutenção dessa imagem que depois outras teriam que destruir a pauladas. Entre as que cegamente repetiram o estereótipo feminino da época estava Julia Cameron: uma das poucas profissionais da fotografia em preto e branco que retratou, sem pudor algum, mulheres de cabelo embaraçado, com a mão sobre o peito, mães dolorosamente inclinadas sobre seus filhos, inocentes filhas munidas de enormes asas angelicais. Assim posaram muitas sob a direção de Cameron, encarnando e confirmando o anjo vitoriano que as afastava de sua carne e de seu osso, assim como de outras legítimas aspirações, contribuindo para substituir a realidade da modelo pelo seu ideal impostado.

Será preciso, para destruir a abstração do feminino, um estouro de grandes proporções: a grande guerra. A contenda e seus horrores darão a oportunidade de uma virada na passiva imagem da mulher-de-classe-média e, inclusive, da baixa. É a mobilização e suas demandas cruas o que possibilita para elas o empurrão necessário: fará com que muitas saiam voando da casa ao mesmo tempo que cortará as asas desse modelo artificialmente angelical. Muitas mulheres (não todas) renunciarão à calma declinante da época vitoriana para pôr pé na craquelada realidade da urbe acossada pela fome. Elas arregaçarão a blusa, se lançarão ao trabalho, subordinando-se a novos chefes que remunerarão, embora mal, o labor das novas mulheres-profissionais e das mulheres-operárias que vão suprir outras carências e adquirir tarefas tão heroicas quanto inesperadas. Nesse processo, elas irão adquirindo uma instrução e um ofício que as igualará aos homens ausentes. Tomarão provisoriamente esses postos que ficaram para elas, tornando-se bombeiras, pintoras, eletricistas, coveiras, engenheiras, editoras, secretárias, médicas e o que fizesse falta. E esses trabalhos significaram ao menos um respiro, uma abertura, um reconhecimento do valor do trabalho feminino fora do lar.

Quem sabe a cargo de quem ficam então os filhos, que sem dúvida diminuem: não havia com quem concebê-los. Esses mesmos filhos que vão aumentar quando o conflito atenuar e os soldados que sobraram voltarem para suas casas e arrebatarem das mulheres seus postos de trabalho. Será imperativo que elas cedam seus lugares aos retornados da batalha. Sob pretexto de uma *emergência demográfica*, elas serão chamadas — isso já é história conhecida — de volta ao lar para enchê-lo de filhos e encher-se, elas, de trabalhos mal remunerados.

É esse o pano de fundo sobre o qual Virginia Woolf desdobra um discurso dirigido a uma assembleia de mulheres profissionais dos anos 1930. Woolf, já conhecida escritora, é convidada a falar e é, sobretudo, instigada a emitir suas observações sobre a situação trabalhista feminina. Seguindo um estilo de elegante discrição, Woolf diz ter insuficientes sugestões para partilhar. Ela não passa de uma mulher-de-letras que não tomou o escritório de nenhum homem e, portanto, não se viu forçada a desocupá-lo quando a guerra terminou. Mas esse é, tal como Woolf entende, um momento crítico para as demais mulheres-profissionais. Um momento no qual escasseiam os modelos para essas jovens cindidas entre a falta de desejo materno próprio e o desejo que a sociedade exige que ela satisfaça.

Woolf representa, e ela sabe disso, um desses modelos de profissional que não sucumbiu a nada. Não ainda: sua severa depressão terminaria se revelando mortal uns anos depois. Mas falta uma década para seu afamado suicídio e a escritora, animada ainda, escolhe se referir em seu discurso às vantagens com as quais conta. Tem atrás de si escassas mas excelsas predecessoras no ofício. (A presença dessas escritoras nas prateleiras das bibliotecas inglesas será o tema de um inesquecível ensaio dela, *Um teto todo seu*). A escritora tem, além disso, a sorte de que, embora seja modesta a remuneração pela escrita, o papel e a tinta são recursos baratos e ela, além disso, recebeu uma herança. Ela conseguiu um espaço, uma porta para fechar enquanto trabalha (não há crianças na sua casa) e conta com meios para publicar suas resenhas nada complacentes (nada *femininas*).

O problema do qual Woolf fala às mulheres-profissionais não é, portanto, de ordem material, mas de índole psíquica: o assédio e o perpétuo retorno do sinistro anjo-da-casa. Perturba a escritora essa imagem da esposa-mãe idealizada que aparece em todos os âmbitos da vida social, assim como dentro da casa e de sua cabeça, enquanto ela escreve. É um anjo muito real que ela menciona, um anjo que ela viu representado no poema de Patmore, que conhece bem, e nas imagens de Cameron, que também lhe são familiares: a mãe de Woolf era sobrinha e modelo favorita da fotógrafa, e a escritora também posara languidamente para sua câmera. Essa poderosa figuração do mandado feminino, esse anjo inscrito na literatura e ilustrado na fotografia é o que atravessa as paredes do seu quarto e se interpõe de infinitas maneiras, diz Woolf, entre ela e sua escrita.

Constrangendo-a com seu inquebrantável afã de sacrifício que ela se sente solicitada a imitar.

Distraindo-a com suas destrezas domésticas.

Atormentando-a com seus apelos à modéstia.

Incentivando-a à simpatia e ao elogio, mesmo quando para agradar seja necessário mentir.

Esse espectro angelical, explica Woolf às mulheres-profissionais, faz com que ela sinta que é sem graça,[10] que carece de todas essas habilidades próprias de uma mulher. Sente também que o anjo poderia acusá-la (embora culpá-la de algo seja pouco angelical) de ter ideias ou desejos próprios que não coincidem com ideias ou desejos alheios.

A não ser que um desses desejos fosse ter filhos.

Mas Woolf nunca teve filhos e talvez nunca tenha querido ter. Sua depressão a desenganou cedo em relação à obrigação materna e talvez tenha outorgado a ela a desculpa perfeita para escolher se livrar, como fariam outras escritoras antes e depois dela.

Seja como for, Woolf astutamente se esguelha da questão materna nesse discurso de 1931. A palavra *filhos* fica excluída do texto, como se a própria escritora suspeitasse que será mais efetivo não mencioná-los na longa lista do mandado angelical ao qual é preciso se opor para conseguir ser uma mulher moderna. Talvez ela tema colocar as jovens mulheres-profissionais de sobreaviso em relação à oposição social à mãe-trabalhadora, talvez tema fazê-las duvidar de seus impulsos de trabalho, de suas ambições. Ela não as alerta de que serão questionadas continuamente acerca da decisão de continuar

---

10 Em castelhano, a expressão é "*no tiene ángel*", literalmente "não tem anjo". [N.T.]

trabalhando depois de parir se chegam a ser mães, e não sublinha que, muito pelo contrário, o homem jamais é questionado por querer ter trabalho e filhos. Não se sabe por que não vai tão longe aqui, embora em outro célebre ensaio lance, sim, a conjetura de que ser mulher-profissional acabará acarretando às mulheres-também-mães uma ácida disputa com esse anjo que exige a exclusividade feminina no cuidado dos filhos.

Fazendo calar o murmúrio do dever-ser materno diante das mulheres-profissionais que vieram escutá-la, a escritora dá curso ao relato de sua própria disputa com o anjo. Declara ter perdido aquela compostura feminina à qual o espectro incita. Confessa — e essa confissão, amplamente conhecida, se ampara na defesa própria —, confessa, repito, ter se virado, ter agarrado o anjo pela asa ou pelo pescoço e tê-lo assassinado. O que ela diz, para ser mais rigorosa, é que lançou o tinteiro na cabeça dele. Foi com as ferramentas da escrita que se desfez dele, ou dela, do incômodo anjo. Achou que podia acovardá-lo com golpes de tinta, mas logo compreendeu que "é muito mais difícil matar um espectro do que uma realidade", segundo reconhece Woolf a seguir, não sem irônica amargura. E com isso eu quero dizer que esse ideal feminino é mais difícil de erradicar do que as precárias condições materiais que submetem ainda as mulheres inglesas, que acabaram de recuperar o direito de propriedade e o controle de seu dinheiro dentro do casamento.

O infausto espírito da subordinação voltará sempre a acossá-la, diz a inglesa. Cada vez que decidir se afastar do tedioso decálogo do feminino. Cada vez que se sentar para escrever sem pensar no que os outros esperam dela. Cada vez que imaginar a relação de uma mulher com o próprio corpo, com o próprio prazer. Woolf se aproxima do final do seu ensaio com um comentário francamente sombrio e assustador: "Se é assim na literatura, a profissão que mais liberdade outorga às mulheres, eu me pergunto como será nas novas profissões nas quais vocês agora estão começando a participar".

Figura mestra nas artes da reaparição, o anjo se debruça sobre as páginas de Woolf com tufo vitoriano, mas não fica parado aí. Materializa-se em outras épocas e em outros espaços. Com outros nomes também etéreos como da "mística da feminilidade". Assim chamaria a mulher-mãe Betty Friedan a esse anjo intrometido que aparece, com outras saias, para ela e suas contemporâneas. A *mística* de meados do século XX é menos a voz fantasmagórica que Woolf sente e mais um conglomerado de ideias que assediam a mulher, de maneira concreta, através de mensagens patrocinadas pelas revistas femininas, pelas advertências e pelas ideias repetidas nas consultas de médicos amparados em categorias freudianas que qualificam de neuróticas-invejosas-do-pênis as mulheres com ambições profissionais.

Esse é o mandado do anjo castrador que caiu sobre as mulheres americanas dos anos 1950 como outra bomba atômica. Embora Friedan leve quinhentas páginas e vários anos de pesquisa para detalhar, naqueles anos, o que Woolf resolve e resume em apenas alguns parágrafos, três décadas antes, importa apontar que Friedan traça, sem saber, a ressurreição do anjo na "heroica dona de casa". Porque o mandado próprio dessa mulher, agora munida de eletrodomésticos que facilitam seu trabalho, encarna um obsoleto imperativo social aceito de maneira voluntária pelas educadas mulheres do pós-guerra e do pós-feminismo. A especulação de Betty-a-jornalista (que pelo seu livro obteve nada menos do que um Pulitzer) tenta compreender por que as mulheres de sua época renunciaram à sua educação universitária, às suas aspirações profissionais, aos seus interesses políticos. Por que voltaram, como suas avós ou suas mães, a se imaginar satisfeitas num casamento precoce e numa prolífica maternidade. Friedan tenta explicar como foi que acreditaram que esse modelo completaria suas incompletas humanidades, que legitimaria suas existências, que lhes revelaria dimensões desconhecidas de si mesmas. Porque assim tinha sido: elas, incluindo por um tempo a própria Friedan, se isolaram nos subúrbios, se fecharam em casas providas de lavadoras, ferros, batedeiras, espremedores, aspiradores e se dedicaram a ter filhos e enchê-los, até a asfixia, de mimos e de fraldas, para dar sentido a suas solitárias existências.[11] Fecharam a porta para si mesmas apenas para descobrir, uma década mais tarde, que tinham se tornado pobres prisioneiras de uma ilusão: sentiam-se ansiosas embora tudo fosse tal como tinham sonhado para elas. Estavam angustiadas ou deprimidas sem

[11] Ainda que a associação seja arbitrária, no que se refere aos retornos do anjo e da mística materna me vem à mente o estremecedor conto "La niña sin alas" [A menina sem asas], da espanhola Paloma Díaz-Mas (uma de tantas escritoras-sem-filhos). Num futuro ficcional onde os humanos são alados, uma mulher se torna mãe contra sua vontade e sofre uma estranha transformação materna. Ao ver que sua filha é deficiente porque carece de asas, a mãe deixa seu trabalho e fica obcecada em protegê-la. Um dia, no entanto, essa mãe-total nota que começaram a brotar asas na filha, que ela logo arranca para que nunca deixe de precisar dela. "A obrigação de uma mãe", conclui o relato com ironia, "é se sacrificar por sua filha."

saber que tinham motivos para estarem assim nessas casas de bonecas.

Não teriam lido nunca a peça de Henrik Ibsen?

O filme baseado em *Casa de bonecas* estrearia só nos anos 1970.

Estou me dando liberdades temporais neste relato, é verdade, mas não pretendo traçar mais do que uma tendência: não será esta a revisão erudita da história das mulheres ou de suas demandas maternas ou domésticas ou trabalhistas ou sexuais. Espero que isto baste para fazer notar que continuamos dando voltas sobre uma mesma situação: avançando e retrocedendo.

Agora volto atrás um pouco mais e retorno à literatura para mencionar esse dramaturgo norueguês, Ibsen, que precedeu Woolf e que apresenta para a Europa do século XIX, e para o mundo posterior, a cena de uma mulher chamada Nora, que se desloca pela casa com o mesmo anjo na cabeça. Bate asas, de fato, a seu redor, nas linhas do diálogo, uma série de substantivos alados. Passarinho. Cotovia. Apelidos que seu marido usa quando celebra a faceirice infantil de sua mulher. Mas quando quer repreendê-la pelos excessivos gastos do Natal, chama-a de "cabeça de pena" ou *featherhead*: o denegridor cabeça de minhoca. Ela aceita, afável, todo elogio e todo castigo de Torvald. Esse é o contrato que simbolicamente assinou ao se casar. Essa é a índole do convênio que aceitou antes de assumir seu papel de bonequinha doméstica.

Nora está longe de ser uma boneca boba, por mais que finja sê-lo, seguindo uma por uma e até de par em par as regras do anjo-da-casa-de-bonecas. Por mais que tenha cedido sua independência em troca de uma vida confortável e segura. É uma vida que lhe parece feliz e foi difícil conseguir essa felicidade. A vida de casada sofreu embates: a depressão de Torvald exigiu, para sua recuperação, grandes somas de dinheiro e Nora falsificou a assinatura do pai agonizante para consegui-lo. (Ela, mulher do seu tempo e de suas leis, não está autorizada a gerir dinheiro algum). Fez tudo isso para salvar a vida de Torvald, sem que ele fique sabendo: não deve, essa boa-esposa, ferir sua masculinidade. Mas a coisa não fica por aí. Nora trabalha faz algum tempo de escrevente noturna, também às suas costas, para pagar a dívida que contraiu. "Virou homem", assim ela diz, e agora pode desfrutar outra vez de ser mãe-anjo-boneca.

Por trás dessa Nora-feminina está a outra, a que passa a noite trabalhando, a que ganha dinheiro, a que calcula cada ato, a que entende que se, com o passar do tempo, o amor sofrer algum desgaste, ela sempre terá a seu favor "uma reserva" de poder feminino: algo para cobrar de seu marido na economia dos afetos. Mas o dramaturgo complica a vida de sua protagonista no que deveria ser seu casamento de sucesso, nessa casa cheia de filhos. A fraude econômica na qual Nora incorreu está prestes a ser revelada. Acossada pela possibilidade de um escândalo, temerosa de que seu delito, por melhores que fossem suas intenções, prejudique sua família, Nora pensa em se suicidar. Mas o que a mantém viva é a ideia de que o contrato amoroso é uma sociedade de socorro mútuo. Um convênio igualitário fundado na ideologia do amor incondicional do casal. Animado por esse sentimento, Torvald vai encontrar uma solução para tudo, pensa Nora, que não entendeu bem qual é a realidade de uma mulher-mãe desses anos. Torvald fica escandalizado, enfurecido, responde lembrando a ela qual é o papel de uma boa mulher e de uma boa mãe com palavras mais monstruosas do que angelicais — já o disse Woolf, é assim o anjo perverso. E a acusa de ter manchado a honra da família (quer dizer, a sua) mediante esse delito e ameaça deixá-la sem seu dinheiro e sem seus filhos, apoiado por uma lei, então universal, que cedia sempre a guarda ao pai. Nada do que Nora acreditava ser seu é dela: nem o fruto do seu corpo nem o de sua herança pertencem a ela sob as cláusulas de propriedade do casamento.

Tremem as paredes da casa-de-bonecas.

Nora abre os olhos e, para a alegria das primeiras feministas, começa a entender em que consistiu esse contrato. Viver para servir os filhos e agradar o marido, agredindo a si própria, reduzida à mais radical falta de segurança ou compensação e carinho. Inclusive seu delito, de repente ela compreende e nós também, foi parte dessa atitude sacrificial: o anjo espectral sussurrou em seu ouvido que, se ela amava o suficiente, devia estar disposta a ir para uma prisão da qual ninguém a resgataria.

Ela adverte que sempre viveu numa espécie de prisão, da qual decide por fim escapar.

Abandonando seu marido e seus filhos.

Invertendo os pressupostos de que é o homem quem sempre vai embora, deixando a mulher presa em casa.

Talvez nem seja preciso dizer que essa mulher batendo a porta deu muito o que falar. Mais de uma atriz no papel da rebelde se negou a pronunciar o monólogo final. "Eu jamais renunciaria a meus filhos", disse aquela que encarnaria Nora na estreia alemã. E cruzou os braços, acusando Ibsen de ter criado uma cena inverossímil, de não entender, porque era homem, o que sentiam as *verdadeiras* mães. Mas não faltaram as feministas que celebraram a visão emancipadora que esse dramaturgo outorgava à mulher, por mais que ele negasse todo feminismo em sua obra e dissesse ter tentado aportar "uma ideia mais ampla da liberdade humana". Mais até: confundido e desesperado, Ibsen tentou *reparar* esse final, escrevendo o que seria uma falha versão alternativa do encerramento, no qual Nora duvida de sua decisão e dá uma segunda chance a Torvald, quando ele a lembra de que há filhos envolvidos.

Os filhos trariam a Nora da reescrita de volta para casa, fazendo sucumbir sua revolução íntima.

"Não sei o que vai ser de mim." Essa é outra linha colocada na boca da Nora original (a outra acabou sendo um fracasso total). Nora não diz isso com medo, mas na expectativa de seu futuro incerto: aquele que teria que ser melhor. Porque Nora compreendeu que tem deveres cruciais a cumprir. Não com os outros, mas só, pela primeira vez, consigo mesma. Encontrar com seu ser-mulher fora da casa. Educar-se eludindo as normas que a sociedade e os livros dessa época impõem, sem outorgar brechas para as separadas. Esquecer os filhos, que são sua amarração a essa vida de convenções.

— Você não entende as condições que o mundo no qual você vive impõe — adverte a ela Torvald (em sua versão original), erguendo a voz, tentando detê-la.

— É verdade — responde ela, antes de bater a porta —, mas eu vou tentar ver quem tem razão, o mundo ou eu.

Um desafio e tanto.

O final fica em aberto: o que será de Nora quando ela sair para essas ruas? O que é das mulheres quando elas vão embora? Elas podem conseguir o que querem, podem triunfar nas suas aspirações?[12]

É essa a pergunta que Ibsen deixa em aberto depois de fechada a porta. Essa é a pergunta que ergueram sucessivas feministas, que elevará, um século mais tarde, Elfriede Jelinek, em outra peça de teatro

---

12 Vale apontar uma resposta de outra época, injetada de *mística feminina*. Betty Friedan conta que um editor da revista onde trabalhava nos anos 1950 disse a ela que "poucas mulheres quereriam deixar o maridos e os filhos para irem embora sozinhas"; por mais talento que tivesse, não se tornariam mulheres de sucesso. Deixando de lado como estava se definindo o sucesso nesses anos para uma mulher, é importante anotar que, apesar do dito com tanta má vontade pelo editor, em 1956 o artigo mais lido dessa mesma revista foi um intitulado "A mãe que fugiu de casa". Aí veio à tona a enorme insatisfação das mães americanas supostamente felizes que Friedan estudaria.

intitulada *O que aconteceu depois que Nora deixou seu marido ou Os pilares da sociedade*.

Sua resposta a essa pergunta?

Nada otimista.

Contrária ao otimismo.

Radical em seu pessimismo de corte marxista.[13]

Nessa peça, sua primeira, Jelinek (escritora-sem-filhos e ganhadora do prêmio Nobel de literatura) não fica atrás de Ibsen, mas retoma os argumentos de algumas das primeiras pensadoras, incluindo Virginia Woolf, para contradizê-las. Entre linhas ou entre cenas, entende-se que a questão para a dramaturga austríaca são as condições materiais da mulher que as feministas educadas e acomodadas não levaram em consideração precisamente porque estavam mais ou menos resolvidas para elas. (Woolf e sua declarada herança é um exemplo.)

Nas coxias, Jelinek parece elucubrar que as mulheres da classe média ascendente podem até se queixar de anjos medonhos e místicas patriarcais, mas se

---

13 Hei de contar-lhes que Karl Marx pensou a opressiva situação das classes acomodadas que acabavam se suicidando: a família burguesa era o problema. O triste paradoxo é que sua filha Eleonora, mulher-sem-filhos, também se suicidou. Ela era grande admiradora e tradutora de Ibsen. Convencida de que o teatro era instrumento indispensável para a mudança política pôs em cena uma *Casa de bonecas* na qual, antes de morrer, ela fez o papel de Nora.

primeiro não se atacam as bases da estrutura econô-mica (esses pilares da sociedade que legendam sua peça), se não se entende o problema das mulheres como parte de um sistema de exploração de classe, não se chegará a lugar algum, a não ser de volta para a mesma casa da qual se partiu, com o mesmo ma-rido, um pouco mais careca, gordo e rabugento, os mesmos filhos chorões e malcriados.

Assim que deixar a casa, essa Nora perderá todos os seus privilégios burgueses. O status social que seu papel de mulher-esposa, de mulher-mãe, lhe confere. A proteção legal e o sustento econômico aportado por seu pai primeiro e depois por seu marido. Nora terá que viver de alguma coisa, se não tem a sorte de ter herdado alguma fortuna, deverá desempenhar algum trabalho, mas ela não tem profissão alguma.

Nesse momento, abrem-se as cortinas (se o tea-tro as tiver) e vemos aparecer uma Nora austríaca, mas também arquetípica e famélica, numa absurda entrevista de trabalho. Suas qualificações, diz Nora, são atender e entreter de múltiplas maneiras: essa é a educação angelical que recebeu. Mas tricotar e cantar para seus filhos e tocar piano e saber dançar para seu esposo não são qualificações que valham num mundo submerso na crise econômica e social dos anos 1930 (os mesmos anos *a partir* dos quais escreve

Virginia Woolf são *sobre* os quais pensa Jelinek). Por muito pouco, Nora passa na entrevista e consegue um posto numa fábrica têxtil do entreguerras. Ela se une à classe explorada com a esperança de que esse outro espaço, o do trabalho, lhe ofereça oportunidades e a eduque para essa vida "não convencional" que não encontrou no lar.

Nora anuncia às operárias, suas colegas de trabalho, a urgência que sente por encontrar sua própria imagem, sua própria identidade de mulher (mulher sem hífen-esposa, sem hífen-mãe), mas o que recebe não são conselhos entusiastas, mas comentários extremamente hostis sobre as decisões que tomou, esses caprichos de mulher-de-classe-média.

O abandono de seu papel prevalece como assunto principal da incompreensão e da crítica proletária, ainda que, na realidade, a rejeição aos filhos alcance, desde então, cifras assombrosas: cem milhões de crianças deixadas sozinhas no mundo, ano após ano, teriam que nos dizer algo sobre a frequência do abandono materno. Mas não é por serem numerosos esses casos que seja bem-visto que uma mulher tome essa decisão.[14]

---

14 Sou tomada por uma mulher de gesto ainda mais radical e, por que não dizer, menos castigado, o da escritora e espiã britânica Muriel Spark, que deixou seu marido na Rodésia e seu filho na Escócia, com sua avó, para se dedicar a misteres mais heroicos.

Como foi capaz de abandonar filhos tão vulneráveis, cobra dela uma das operárias.

Como suporta que estejam passando fome!

Com certeza deve ter ficado com o coração partido por abandoná-los!

E quando Nora fala a ela sobre encontrar "seu futuro" como a mulher sem hifens que ela agora é, outra operária a espeta dizendo que *seu* futuro (o da operária que fala) *são seus filhos*, mas que o trabalho a afasta deles e, portanto, a ideia mesma de futuro não tem sentido.

Essas mulheres-proletárias são anjos-da-casa, mas na-fábrica, porta-vozes de uma aceitada "mística da feminilidade" que percorre tempos distantes e afastadas cenografias. Em suas críticas a Nora se urdem a violência e a inveja que os consensos sociais dissimulam. Porque essas mulheres dizem "sonhar" (é uma ilusão óptica ou antes onírica) com ter o que Nora abandonou. Uma tranquilidade econômica. Um marido que cuide delas. Uns filhos que elas mesmas possam criar, e criar sozinhas, entende-se, porque os homens são figuras *desfamiliarizadas* no lar proletário.

É nesse momento de uma peça cheia de viradas inesperadas que Elfriede Jelinek recolhe uma reclamação recorrente da mulher-proletária que demorou séculos a ser recolhida e escutada, a reclamação da igualdade de classes, do narcisismo da mulher da classe acomodada, da falta de solidariedade entre mulheres que habitaram, historicamente, diferentes horizontes.

Escutemos, por exemplo, a reclamação das operárias da indústria, também têxtil, no único romance que a escritora comunista brasileira Patrícia Galvão escreveu nos anos 1930: "Nós não podemos conhecer os nossos filhos! Saímos de casa às seis horas da manhã. Eles estão dormindo. Chegamos às dez horas. Eles estão dormindo. Não temos férias. Não temos descanso dominical!".

Há raiva nesta e nas outras operárias.

Há rancor e desconfiança em relação ao que elas percebem como o privilégio de abandonar tudo, algo que está completamente fora de seu alcance e até de seus desejos codificados.

Há, então, aspereza e até rejeição em relação à mulher-mãe-burguesa que ostenta esses luxos. Não poderia surgir entre elas o que Nora esperava encontrar: alguma forma de solidariedade de gênero contra o sistema de exploração patriarcal, alguma maneira de transcender as diferenças de classe. Tudo o que as proletárias entendem é que a estrutura abusiva da fábrica é ainda pior do que a exploração de uma casa que para elas nunca foi de bonecas: pelo menos nessas casas existe o amor dos filhos, ou sua ilusão.

A cena do trabalho está desprovida de prazeres e de progresso e de uma consciência de direitos que permita colocar argumentos em comum contra a lógica da fábrica, que é a do rendimento, da competência, da sobrevivência. No meio desse desamparo não é estranho que Nora sofra uma recaída. Que se deixe levar pela *mística* que absorveu em seus anos de comodidade, e que assume quando vê cambalear seu projeto emancipatório. Acontece que Nora não conseguiu as ferramentas que buscava fora de casa, não encontrou solidariedade na fábrica, não se educou na política, não acedeu a um poder que lhe permitisse romper as cadeias invisíveis que a subjugam e se transformar. Exausta pelo esforço, começa a pensar que o Torvald de Ibsen tinha razão quando advertia a ela que o mundo impõe às mulheres livres condições demais. Compreende, sem chegar a refletir sobre esse assunto, que suas possibilidades reais de se tornar uma mulher-não-convencional são escassíssimas.

Vou contar para vocês, resumindo, a recaída ou o rodopio do anjo que a acomete, lembrando a ela dos seus filhos, dizendo-lhe que deve voltar para eles e compensá-los por seus erros. Ai. Nora amolece e cambaleia e o anjo-do-amor a assalta então, sussurrando-lhe que abraçar sua natureza feminina devolverá sentido a ela. E zás, aparece o dono da fábrica: um sedutor capitalista que a explorará como se ela não passasse de outro recurso econômico. Um corpo a exibir enquanto Nora for jovem e atraente. Um corpo a negociar quando ele já tiver tirado proveito sexual dele. Um corpo a descartar quando ela cumprir sua missão: roubar de Torvald um segredo financeiro. E Nora não tem visão suficiente para vislumbrar que fios a controlam agora. Mais do que a terna boneca-da-casa, ela encarna enquanto pode a mulher-marionete: é manipulada por mãos e interesses alheios. Assim, prisioneira, e prostituída no final da peça, Nora volta para a casa de um Torvald derrotado, com inclinações fascistoides, sinalizando o retorno a um ideal nazista-feminino que privilegia... — já adivinham?, deixem-me dizê-lo com amargura e estrondo no minuto dos aplausos, no momento das vênias — que privilegia... a figura da mulher-mãe!

À sentimentalização dos códigos da maternidade burguesa que o melodrama realiza, Jelinek opõe um desengano medonho: a mulher com aspirações fora da maternidade volta ao beco sem saída da casa, da escola, da consulta médica e de outros baluartes da tradição conservadora.

Não existe um fora.

A porta que se fecha não é mais que giratória.

E pior: o que se conta nessa peça não é mero delírio da imaginação.

Há uma impactante coincidência entre o desencanto com o qual Jelinek examina a década de 1930 *a partir* dos anos 1960 e o olhar do presente que desdobra a já célebre Patrícia Galvão em 1933. Em seu romance proletário, *Parque industrial*, publicado entre dois períodos na prisão antes de partir para o exílio (deixando seu único filho com o pai, o escritor Oswald de Andrade), Galvão aborda todo tipo de assuntos sexuais proibidos na letra latino-americana de então. A sedução lésbica apresentada como exploração sexual de uma operária têxtil por uma companheira de sua classe que cede à burguesia mediante o casamento. A prostituição como efeito da pobreza ou como saída de trabalho ou simplesmente como insulto lançado a toda mulher que decide desfrutar de seu corpo fora do casamento. São muitas as mulheres que se desviam da norma e acabam mal (também há um travesti, mas ele aparece despreocupado, comendo pistache, lançando as cascas nas ruazinhas de São Paulo).

Galvão descarta a mística do amor como emblema da transcendência social e moral. Muito pelo contrário, ela põe à mostra os efeitos que o ópio sentimental e sexual produz nas mulheres. Detenho-me numa delas, a mais ingênua, a mais romântica, a que mais se assemelha a Nora, embora de outra posição econômica. A moça, chamada Corina, acreditou numa promessa de amor e acabou grávida, mas a alegria dura pouco. Seu padrasto a expulsa de casa, as crianças do bairro a xingam na rua, a costureira do ateliê onde ela trabalha a obriga a escolher entre um aborto ou uma demissão. As colegas se alegram de vê-la partir sem rumo fixo e, é claro, o pai da criança desaparece depois de jogar nela uma nota e apertar o acelerador. Para sobreviver, Corina se prostitui e seu filho nasce vivo, mas sem pele: é o monstro da doença venérea, é o filho da podridão moral da qual Corina deverá se desfazer para que ela própria possa sobreviver. Sua via-crúcis termina na prisão de mulheres à qual ela chega por ter assassinado seu filho-monstro e então são as outras prisioneiras que lançam sua condenação. "Todas estamos aqui pelo dinheiro, a não ser esta porca que matou seu filho." Embora, se trouxermos o senhor Marx a este julgamento, e seria justo porque Galvão era uma apaixonada leitora sua, concluiríamos imediatamente que Corina, doente e paupérrima, mata o filho porque sua realidade material não lhe oferece alternativas; é também por dinheiro que está encarcerada.

De pano de fundo da cena romanesca, estão as emancipadas feministas e as mulheres intelectuais e cosmopolitas que Galvão conheceu bem e que o romance denuncia por sua vaidade e sua ostentação, por seu classismo e pelo desprezo que demonstravam em relação às mulheres-proletárias, repetindo um velho padrão divisor e hierárquico. Galvão as despreza tanto como Jelinek repudia em sua peça essa Nora instável, vagamente comprometida com a transformação dos papéis e falsamente igualitária.

Só que lida a contrapelo, a mensagem da marxista Galvão é um pouco mais alentadora do que a da marxista austríaca: vislumbra-se no romance paulista uma porta aberta, uma validação e um convite à tomada de autêntica consciência política, como se percebe nas mulheres operárias e revolucionárias do romance. Embora elas também não sejam vitoriosas, sua consciência política se irradia nas páginas. A palavra de ordem implícita que o romance explicita é que a única maneira de fulminar o anjo e cortar suas asas — de torná-lo uma mutilada e derrotada Vitória de Samotrácia —, a maneira de desmontar esses discursos é se aferrar a um sentido profundo e ao mesmo tempo visionário da política. Entendida a política como operação radical que excede as instituições. Entendida como questionamento permanente das estruturas nas quais se advertem os rodopios desse mandado angélico que retorna sem parar para infligir seu hálito conservador nas condições econômicas e legais e políticas e culturais de todas as mulheres.

As mulheres-profissionais.

As mulheres-operárias.

As mulheres-intelectuais, as mulheres-artistas.

As mulheres-mães.

Suas dimensões diversas, não esqueçamos, às vezes se superpõem. Todas essas mulheres continuaram voltando de tarde ou de noite para suas casas para continuar trabalhando e servindo seus filhos, às vezes com, mas sobretudo sem, a ajuda de seus parceiros. Sem o respaldo de leis que socializem a criação, distribuindo responsabilidades em vez de meros discursos que celebram, sem pudor e publicamente, a procriação como questão cada vez mais privada.

Esses discursos ideologicamente poderosos, mas econômica e legalmente insubstanciais, puxam uma cortina velada sobre a difícil realidade que se oculta por trás: a enorme desolação da mãe que fica em casa e a crescente culpabilização daquela que consegue sair. E a frustração de ambas por não saberem transformar a saturação, a infelicidade, a ira em formas de ação política que possam socializar a tarefa da criação.

Por cansaço.

Por excesso de tarefas e preocupações talvez mais urgentes.

Por vergonha.

Por comodidade ou conveniência (o erro de pensar, sobretudo entre as de classe média, que era mais apropriado não erguer a voz e pedir ajuda, por favor e, claro, dizer obrigada).

Um grande erro, nos lembram as escritoras mais lúcidas: era indispensável manter os olhos abertos diante dos retornos recorrentes do anjo maléfico, era necessário continuar saindo para a rua exigindo mudanças e lutando por condições mais justas para todas as mulheres, incluindo, é claro, as mulheres-mães.

Do in-fértil cânone

Será que estou sendo queixosa demais? Será que estou pecando por solenidade? Deveria parar de fazer cara feia? Teria que relaxar o cenho ao apresentar os dilemas maternos relacionados ao trabalho das mulheres hoje em dia?

Não vou relaxar músculo algum, nem estou prestes a sorrir e mudar de assunto. Podem me acusar de feminista mal-encarada. De amargurada e pessimista. De antiquada.

(Escuto rodopios, retiro as plumas que caem sobre minha cabeça. *Vade retro*, digo, malfadado anjo da complacência.)

Exijo que quem levantar a primeira pedra ou a primeira crítica ou esteja prestes a lançar o primeiro xingamento ponha, antes de fazê-lo, uma das mãos sobre o peito e se pergunte seriamente se tudo foi tão simples no que se refere a ter filhos. Quem sabe vislumbrem o que eu vejo: desânimos e dores e escassa **fruição materna**. Já faz tempo que presto atenção, de orelha em pé, e não escuto apenas felizes *gugu-dadás*. Ouço também que as mulheres-profissionais-com-filhos soltam grunhidos desesperados de exaustão. Sobretudo nesses lares (ainda a maioria) onde não há quem divida suas tarefas (porque não tem ninguém, porque o *alguém* abandonou suas funções, ou porque se dá por verdade que as mães têm "vantagens comparativas" no cuidado das crianças). Sobretudo escuto queixas de que não há como pagar assistência, de que avós ou sogras se fingem de surdas diante dos pedidos de socorro.[15]

Eu diria, voltando à sombria observação de Virginia Woolf, que se a dificuldade é enorme para as mães-profissionais, é ainda pior no caso das mães-artistas. Eu acho que elas são as menos livres de todas, as que têm mais trabalhos se não contam com uma herança como a que teve a escritora inglesa. Não é por singularizar umas e esquecer das outras: sei que cada mulher-mãe tem sua vontade e que toma decisões de acordo com sua circunstância específica.

15 É preciso entender essa surdez: avós e sogras são de idades cada vez mais avançadas e, além disso, já fizeram sua parte cuidando dos próprios filhos junto de maridos que *depois de* trabalhar — para eles havia um *depois de* — chegavam em casa para se instalar diante da televisão com uma cerveja, enquanto a mulher preparava o jantar e obrigava os filhos a ficarem em silêncio para não atrapalharem o coitado do pai.

Mas consideremos um assunto que Woolf desestimou. As criadoras-sem-filhos exercem dois trabalhos de maneira alternada ou simultânea: o trabalho assalariado e o trabalho criativo raramente remunerado ou remunerado de maneira insuficiente. As criadoras-com-filhos acrescentam outro trabalho *ad honorem*. Este último, além de ser *sem salário*, é *sem* dias livres, *sem* férias e tem outra complicação: o lugar próprio da criação costuma estar dentro da casa compartilhada com o filho, um ser que não respeita portas, que não conhece limites. Se para a criadora- -sem-filhos ter dois trabalhos é pesado e interfere na sua obra, para a outra, com-filhos, as horas do dia se mostram insuficientes porque, ao horário assalariado, é preciso acrescentar a implacável rotina materna e então: de onde tira o espaço temporal e mental para o ofício criativo?

Sobre esse dilema materno-escritural (que lhe fez postergar seu romance seguinte por mais de uma década), fala numa entrevista a escritora americana Jenny Offill. Desesperada e em busca de conselhos, uniu-se a um grupo de mães recentes, mas deparou, para seu espanto, com todas contando anedotas dos primeiros meses "num tom falsamente exaltado". "Ninguém parecia sentir que uma bomba tinha estourado em suas vidas, e isso me fez sentir muito,

muito sozinha. Ignorada inclusive. Por que não estávamos falando da complexidade dessa nova experiência? Será que eu estava louca porque o mundo da mente e não só do corpo ainda me importava? Mas então uma dessas mães declarou ser estudante de pós-graduação terminando uma tese sobre um tema fascinante e misterioso. A encurralei depois e lhe perguntei: Como você se vira para escrever? Me fala seu segredo! Mas ela olhou para mim com estranheza, para minha cabeça descabelada, para a papinha de banana na minha roupa. Não estou tentando escrever, ela me disse, surgiu uma coisa um pouquinho mais importante."

Acelero os dedos sobre o teclado, vou me apressando não porque tenha que alimentar ou dar banho ou botar para dormir, ou sequer entreter alguém, mas porque isso que escrevo com paixão consome tempo dos meus trabalhos mal remunerados. Na minha pressa por colocar à prova meu argumento, recorro a uma centena de mulheres-de-letras para saber se elas acham, como eu, excessivo ter um trabalho assalariado e dois *ad honorem*. Percebo perfeitamente que minha pesquisa peca em sociologia barata e virtual demais, mas preciso me certificar de que não ando perdida pelas avenidas do feminismo tardio.

Pergunto a elas: o que vocês acham disso?

A resposta é instantânea, é avassaladora. É como se o sinal de interrogação que lanço para elas tivesse aberto a comporta subterrânea da reclamação e não fosse mais possível fechá-la. As escritoras-mães iniciam seu comentário com uma defesa do ter-filhos, respondendo, antecipadamente, à implícita acusação de que se queixar seja próprio apenas de mães *desnaturadas*. Assim dão a partida: recitando a desejada espera do filho, o amor à primeira vista diante da aparição do rebento de sorriso sedutor, as alegrias que fazem esquecer todos os problemas e o enorme cansaço. Tudo isso para se permitir, sem mudar de parágrafo, a confissão do outro lado, dos momentos de infelicidade, das dúvidas, dos arrependimentos. Isso que só se diz, *quando se diz*, privadamente, de maneira anônima. A culpa. A infelicidade. O desassossego e, em alguns casos, uma silenciada depressão que se estende por anos depois do parto e que não tem origem num desarranjo hormonal. "Não foi nem é nada fácil; foi muito trabalhoso e doloroso", escreve uma, e outra, que não é escritora embora esteja muito próxima dos livros: "Isto é muito difícil, muito EXAUSTIVO, muito frustrante; a mudança foi ENORME e ninguém diz isso" (as letras maiúsculas pertencem à missiva). Outra, que publicou livros, manda esta linha: "É claro que os amo, mas todos os dias me pergunto por que tive filhos e estou pensando em escrever um romance em torno disso, mas teria que usar um pseudônimo para dizer o que eu quero…". E outra, profissional-separada, mãe de três filhos já adultos, diz cheia de ironia: "O dedo colocado mansamente na boca… Caí da cama tarde demais!… Trabalho *de amor* sem apoio nem respaldo social de nenhuma índole!". E mais uma: "É óbvio que a gente ama os filhos, mas isso está cheio de conflitos, conflitos graves que não se dizem. Ser mãe atravessou e interrompeu minha escrita. Agora entendo: eu me sentia quase culpada por pensar… As mães não pensam e, se pensam, traem algo da maternidade, do instinto. As mães não escrevem, estão escritas… Já não me lembro quem disse isso. Assunto longo!".

E outra: "É um tema tão normativo e adoçado".

E outra, e outra.

Nenhuma menciona ter se arrependido como fazem mães mais novas e mais velhas, cujos testemunhos foram recolhidos — anonimamente, por decisão das entrevistadas — pela socióloga israelense Orna Donath, outra que nunca quis ter filhos e teve que aguentar a ladainha social do arrependimento. Você vai se arrepender de não ter tido, advertiram-lhe, mas ela encontrou dezenas de mulheres que falaram para ela de um arrependimento contrário: o de ter parido. Falam de ter cometido um erro indizível. Falam de amarras. De desejar poder retroceder no tempo. Mais do que falar, elas desabafam pela primeira vez diante da socióloga. É que até agora não existiu, não como aceitável, não como publicável, o relato das mulheres-já-mães desejando ter tomado uma decisão diferente.

Só há relatos, mais recentes embora ainda escassos, de mães frustradas que se contêm esperando que a situação mude para elas. Mães-escritoras que colocam um pouco de humor na cena em que narram uma mãe tentando não silenciar os berros de seus filhos a cacetadas ou que, no cúmulo do desespero provocado pela falta de sono e pelo cansaço e pelo incessante choro pela cólica infantil, imaginam que a colher viaja pelos ares e alimenta o filho sem que ela, mãe, tenha que se encarregar disso. Essa é uma das cenas maternais irônicas espalhadas pelo *Departamento de especulações* da célebre Jenny Offill, além desta outra: observando seu filho, uma loira sugere que ele "dorme como um bebê", e ela, narradora, talvez a própria Offill, pensa que gostaria de se deitar com a loira e gritar cinco horas seguidas no ouvido dela para que ficasse sabendo o que era, tão frequentemente, esse dormir.

Mas uma coisa é o instante ou as horas, os dias com suas noites e as semanas de desespero provocado pela maternidade, e outra é admitir um arrependimento.

Deixei a porta da minha caixa de correio aberta, e começam a se intercalar, entre os comentários das escritoras-mães — as convictas e as convertidas —, as mensagens das não-mães e as das antimães. "Esse foi meu assunto durante muito tempo", comenta uma do clube abstencionista, imaginando-se, penso, isolada no seu debate em torno do não-ter-filhos. "Há anos escrevo sobre homens e mulheres que são contra a ideia de se reproduzir", acrescenta outra narradora, aludindo, como as anteriores e como as que aparecerão depois na minha caixa, à dificuldade de dizer, publicamente, sem travar, que descartou o ideal materno porque o desvalorizado modelo materno não coincidia com a imagem própria,[16] ou porque caia sobre

---

16 A narradora de *Vergonha*, último romance de Patricia de Souza, confirma essa ideia: "Não tenho filhos, nunca falei disso seriamente com nenhum dos homens que conheci. Nem dos abortos, nem da culpa, nem do medo de ser uma mãe ruim [...] Se tivesse sentido a necessidade de ser mãe teria adotado para sentir que cumpro com uma função social, com um esquema. A maternidade sempre esteve associada à imagem de uma mulher submissa, a aqueles rostos de mulheres exaustas pelo trabalho e o mau trato. É essa imagem desvalorizada, de mulheres sozinhas, no meio de um silêncio cada vez maior, o que mais me marcou".

a decisão de não-ter-filhos a denúncia de *egoísmo*. Talvez não tenham reparado que essa sentenciosa palavra rara vez cai sobre um homem-escritor, porque nele não há *egoísmo*, mas legítimas inquietações intelectuais, trabalho duro, sucesso e outros conceitos do gênero.

Por que uma mulher não poderia sentir a mesma coisa sem que seja taxada de individualista? Não é individual todo desejo e sua ausência? Supostamente em nossas sociedades o desejo não tem cada vez melhor reputação, melhor fama, que quem não atende seus desejos é um pusilânime? Já dizia isso uma especialista no assunto, Elisabeth Badinter: numa sociedade que coloca sempre o indivíduo em primeiro lugar, a maternidade é um desafio e uma verdadeira contradição. E o desejo, considerado legítimo, de ter um filho, ou dois, ou quatro, perde toda legitimidade uma vez que a mulher se torna mãe, mas quer coisas que não são de cunho materno. Ela escreve, em *O conflito*, que se passa do *self-interest* (interesse próprio) ao *self-lessness* (altruísmo), e eu acrescento, para aliterar com ela, que se não se cumpre com o segundo, a mulher é acusada de *self-ishness* (egoísmo).

A cronista Leila Guerriero, que não tem na sua vida nem "filhos próprios, nem emprestados, nem alheios ou em custódia", me envia um texto não tão velho em que assegura — ela, a mais atrevida de todas as sem-filhos que eu conheço — que nunca quis tê-los. "Nunca me comoveu a ideia de parir. Ainda me diverte o assombro que as palavras *não quero* produzem. Há aqueles que elaboram um consolo (*Bom, logo a vontade vem*), ensaiam suspeitas (*Talvez ela não possa e diz que não quer*) ou se zangam (*Você não pode ir contra o instinto materno*). Meu caso é mais simples. Não quero. Nunca quis. Não tenho vontade. Nem sequer penso nisso todos os dias. Diria que nem sequer penso nisso todos os anos."

Quanto mais simples é a resposta à pergunta do por que não se quer ter filhos, mais dúvidas parece despertar nos interlocutores, escrevem, confirmando a experiência de Guerriero, outras escritoras-sem-filhos. Minha opinião é que não ter vontade de procriar ou não se imaginar no papel de mãe deveria ser tão compreensível como não ter sonhado nunca em ser atleta olímpica (ou ter desconsiderado a ideia de passar a vida nas quadras de treinamento, por mais talento que se tivesse para o esporte). Desde quando possuir um talento ou ter uma aptidão obriga a desenvolvê-la?

As criadoras-sem-filhos continuamos, quase sem exceção, sendo acossadas por essa exigência, defendendo para sempre esse direito ao não-quero e ao não-porque-não.

Simples assim.

Não tão simples.

Nada simples.

Porque talvez, talvez — não estou inteiramente convencida disso que dizem algumas —, talvez seja verdade que a acusação de *egoísmo* ou *individualismo* foi perdendo impulso, mas que uma mulher declare agora a absoluta falta de interesse está produzindo uma suspeita igualmente acusatória: a de padecer de um *problema*. Uma patologia inclusive muito de acordo com a linguagem da nossa época na qual a rejeição à maternidade seria efeito de um *erro genético*. Duvidosos estudos científicos afirmam que o não--querer de algumas mulheres se explica pela carência do gene-do-desejo-materno. Esse disparatado argumento vem explicar a existência de mulheres--sem-desejo-materno, ao mesmo tempo que recicla medicamente a velha noção da "mulher incompleta" ou da "mulher anormal", da "mulher doente": *sem* filhos ou *sem* desejo ou *sem* instinto e *despossuída* para sempre da insuperável experiência de dar à luz. A falta desse gene que uma escritora batiza — anonimamente, a pedido dela — de SusanitaBGHU78. A ideia de uma partícula ausente no cromossomo enfatiza uma *falta* ou uma *falha*, uma verdadeira patologia que até agora não se teria tipificado e que se apresenta para enfatizar que a única normalidade é a de querer ter filhos.

Se essa teoria se revela errada, como antecipo, o que mais poderia se dizer a nós, as estranhas mulheres-sem-filhos? Continuaremos para sempre tentando nos justificar? Continuaremos respondendo a essa forma sutil de coerção que consiste em exigir esclarecimentos? Eu, da minha parte, meço as pulsações desse estranho paradoxo: mesmo que não se tenham na vida, os filhos se têm para sempre na cabeça própria e na alheia. Como a marca de uma ausência ou de uma diferença ou de um erro ou de um defeito ou de uma doença ou de um cromossomo manco ou de um crime imaginário (um aborto mental) pelo qual as mulheres-sem-filhos são chamadas sempre a comparecer.

Será preciso fechar a comporta da tão esperada confissão das mulheres. Algumas já começam a se negar a prestar declarações.[17]

---

17 O raro privilégio de que não me perguntassem se teria filhos (ou quando) é consistente com o fato de que porto uma adversa condição hereditária: caía, sem saber, na categoria de "não apta" ou "de risco". Não foi por isso, esclareço, que decidi me abster. Nunca me imaginei vestida de mãe: não há mais nada a dizer a respeito.

Este escrito, eu juro, será minha última palavra a respeito.

Enquanto isso, já lançada a minha desajeitada pesquisa, aproveito para pedir a todas essas mulheres-de-letras que me ajudem a compilar uma lista das predecessoras-sem-filhos. Pouco dada eu à biografia biológica, são escassas as que me vêm à mente.

Recebo outro bombardeio, desta vez de nomes.

Somos legião, digo a mim mesma enquanto abro e leio as mensagens e constato quantas são as escritoras-não-mães em todos os gêneros. Uma avassaladora maioria, por não dizer o cânone quase completo da escrita de mulheres anterior ao século XX, às quais se soma, nos cem anos seguintes, outra cifra transbordante de escritoras-sem-filhos.

Passo então ao inventário de composição coletiva, para ser rigorosa e exaustiva com o currículo contrafilial das predecessoras, para reunir evidências antes de me lançar às conclusões de rigor.

Vejo-me forçada a retroceder outra vez no tempo, embora brevemente, para visitar as habitantes desse cânone-sem-filhos saturado de freiras-escritoras que optaram por se entregar ao Espírito Santo antes de que ao anjo-da-casa. Santa Teresa de Ávila escolheu a conversa direta com Deus (mais amante do que esposo) em sua atrevida poesia, e houve também uma copla de freiras coloniais entre as quais brilha a já referida Juana de Asbaje, ou de la Cruz, também lembrada como "a pior de todas", por ser a melhor, a mais esperta. O claustro onde ela se instalou (com uma "sobrinha" como assistente ou empregada)[18] e criou a maior biblioteca privada da época, com livros, mapas, aparelhos de medição astronômica, instrumentos científicos e musicais, permitiu que se educasse sem distrações e produzisse uma escrita descontraída e polêmica. Suspeito que, sobretudo a freira mexicana (a espanhola De Ávila era dada a arranques místicos, e das outras, que não eram poucas, não se sabe o suficiente para especular), mais do que *optar* pelo celibato, compreendeu que cuidar de uma família (mesmo com empregada à sua disposição) era incompatível com o estudo e contrário à tranquilidade que a escrita requeria.

As letradas-sem-filhos que sucederam essas freiras também se trancaram: em vez do convento escolheram a sala de costura. À ponta de pena, e depois à caneta, abriram o cânone a cômica Jane Austen,

---

18 Um esclarecimento: embora Sor Juana se refira a sua "sobrinha" não há evidência de parentesco com Isabel María de San José, para quem a freira, em reconhecimento pela sua indispensável assistência, deixou seu dinheiro como herança.

a tempestuosa Emily Brontë, a insondável Emily Dickinson, a cafona Louisa May Alcott (nunca faltou sua odiosa *Mulherzinhas* em nossa lista de leitura), a irônica, mas também dramática Edith Wharton, a tremenda Katherine Mansfield e a Dottie ou Dorothy Parker, mulher que, como muitas, recebeu apenas educação formal, mas cujo talento precoce lhe permitiu conseguir um emprego de redatora em prestigiosas revistas de Nova York e de roteirista em Hollywood. Parker e as escritoras que se somariam ao elenco foram, sem dúvida alguma, mulheres à margem de toda convenção que abandonaram o bordado e a agulha para apoiar os cotovelos numa escrivaninha e cobrar pelo seu trabalho.

Entre elas houve de tudo, menos vontade de ser mãe.

Houve depressivas que foram "perdoadas" por não procriar, que foram "desenganadas" sem que se compreenda que talvez na abstinência materna existisse uma decisão voluntariamente tomada: um caso, já está dito, é o de Woolf. (E houve escritoras-mães com severas mas compreensíveis depressões pós-parto, como Anne Sexton, como Charlotte Perkins Gilman, que continuou escrevendo escondida apesar de que tinha sido proibida.) E houve alcoólatras: a cáustica Parker e a misantropa Patricia Highsmith, que, interrompendo sua escrita de suspense, manteve amores com homens e mulheres, mas só amou com constância seus gatos. Houve mulheres de saúde delicada como a grandiosa Flannery O'Connor, e escritoras sãs e robustas como a curiosa baronesa da Dinamarca que se mudou para a África com seu marido para administrar uma plantação de café e narrar em inglês e publicar com dois nomes que não eram os do seu homem: Karen Blixen e Isak Dinesen. (Ela, dizem, teria querido ter filhos, mas não teve.)

Houve, já se adverte, também de tudo em suas opções afetivas. O passado foi um século saturado de divorciadas-sem-prole da estatura de Katherine Anne Porter, essa sulista perspicaz e rebelde que duas vezes contraiu núpcias e duas vezes as desfez enquanto perdia filhos "de todas as maneiras imagináveis" (assim ela disse). Delmira Agustini, contemporânea de Porter, teve ainda menos sorte: separou-se, depois de um mês e meio de casada, do marido, que a assassinou por vingança, antes de se suicidar (não se sabe então se quis filhos). Anaïs Nin também assinou o contrato, duas vezes, em casamentos recorrentes nas costas atlântica e pacífica, e esteve brevemente grávida de Henry Miller, mas tomou medidas a respeito. Nessa mesma categoria de escritoras-divorciadas, ainda que talvez mais obscuras e ambíguas, encontram-se Djuna Barnes e Carson

McCullers e Jane Bowles e Katharine Hepburn (atriz e não escritora, mas o que importa, artista afinal de contas). Hepburn deixou o mundo saber que achava *demais* cumprir com as obrigações do cinema e da maternidade em tempo integral. (E a *acusaram* de doente, de lésbica, por escolher uma vida de filmes e de amantes secretos.)

A sombra da extraordinária decisão de não ter filhos foi atrás de uma lista nada breve de autoras latino-americanas às quais, apesar de seus casamentos, lhes foi adjudicada certa *estranheza*: Norah Lange (unida ao escritor Oliverio Girondo), Armonía Somers (assinou contrato aos 57), Marosa di Giorgio (prodigiosa em sua ambiguidade) e Josefina Vicens (brevemente casada e agora se sabe que lésbica). E as menos estridentes ou nada ambivalentes em suas preferências heteroafetivas: Aurora Venturini, Hebe Uhart e Liliana Heker. Mas estas últimas são excepcionais. A *suspeita* as ignorou para cair sobre as autoras mais cosmopolitas do cânone, as tão carentes de marido como de instinto materno. De Paris: Gertrude Stein, aquela senhora modernista tão masculina no seu vestir, e a erudita Marguerite Yourcenar, que projetou seu desejo lésbico numa série de romances narrados por homossexuais. De outros pontos cardeais e de maneira mais móvel: a já citada romancista e diplomata chilena Marta Brunet, solteira empedernida,[19] e sua contemporânea, a venezuelana Teresa de la Parra, discreta companheira da antropóloga cubana Lydia Cabrera, que travou (refiro-me a De la Parra) correspondência com as irmãs Ocampo.

Silvina, a mais nova das Ocampo e a mais excêntrica em sua obra, não podia ter filhos e não é claro se queria, escreve uma de suas biógrafas, a escritora-sem-filhos Mariana Enríquez, mas seu marido Adolfo Bioy Casares queria ser pai e chegaram a um acordo: ele engravidou uma de suas amantes, que em seguida cedeu a criança em adoção, embora a mãe verdadeira nunca tenha deixado de estar próxima. Foi assim

---

19 Por que será que a palavra "solteira" me sobressalta?, eu me pergunto, e me respondo: porque tem uma carga negativa em nossa cultura onde ser sozinha ainda se nomeia com desprezo de "solteirona". É tal o incômodo que a solteirice feminina gera ainda hoje que, ao querer reivindicá-la, acaba-se transformando-a em algo mais apropriado, a mãe-substituta, uma espécie de madrasta. Uma mulher relacionada às crianças. Esse paradoxo aparece numa notável coluna em que o escritor Javier Marías tenta exaltar a tia-solteira em oposição às "mães enlouquecidas" de hoje. Mas depois de elogiar as tias por sua independência, genialidade e sua disposição risonha, passa a dizer que sua maior virtude é a entrega "desinteressada" de tempo e conhecimento a seus sobrinhos. A tia-solteira se torna a outra-mãe afetiva e paciente, engraçada e educada, dedicada a esses filhos alheios que ela chama de "suas crianças".

que Silvina viveu esses primeiros meses: "Não encontramos babá... Faz um século que não lavo minha roupa e muitos dias que não tomo banho porque não dá tempo [...]. Meu cabelo está áspero e de cor ratazana, o rosto meio avermelhado, as mãos assadas, tudo aperfeiçoado pela minha feiura habitual. A pressa na qual vivo me deixa louca. Não tenho um minuto sequer para me dedicar à contemplação de nada nem de ninguém. É horrível".

Victoria, a irmã mais velha, célebre ensaísta, foi, como sua irmã, amante de muitos e casada com alguém que se divorciou sem deixar descendência: foi antes uma aliada fundamental para essas outras mulheres-sem-filhos-nem-homem: levou à Argentina dois textos fundamentais de Woolf (com quem trocou cartas num par de ocasiões) e foi editora e amiga epistolar de Gabriela Mistral, que alguma vez falaria a ela de suas companheiras sentimentais, mas nunca de sua discutida maternidade.[20] Uma estirpe e tanto essa das escritoras-sem-filhos, que se estende em Sylvia Molloy e Cristina Peri Rossi,

---

20 A homossexualidade de Mistral, certificada por suas biógrafas, não é revestida de nenhum mistério, mas a identidade de seu filho, sim; só a partir de 2007 foi possível comprovar que o menino era filho de seu meio-irmão e que ela compartiu a guarda com sua companheira de então, a diplomata mexicana Palma Guillén.

assim como nas poetas Alejandra Pizarnik, Diana Bellessi e Elvira Hernández,[21] entre outras conhecidas contemporâneas que se mantiveram alheias à obsessão reprodutiva.

Já me dirão que muitas escritoras-sem-filhos estão marcadas por uma liberdade sexual que foi entendida, até agora, como estranheza. É verdade que sobre muitas delas correram mais do que rumores de *desvio*. Mas também é preciso notar que essa palavra, feita acusação, nunca foi alheia às escritoras: mesmo antes de *estranhas* foram taxadas de *prostitutas*: o autor de *Madame Bovary* — que além disso teve a petulância de asseverar que ele era seu personagem! — assegurou, por interposta pessoa (quer dizer, citando outros sem discutir seus ditos em seu *Dicionário de lugares comuns*), que "uma mulher artista não pode ser mais que uma rameira". Era uma vergonha, segundo o conservador Flaubert e seus colegas, que uma mulher se dedicasse à arte. Inclusive que uma mulher lesse em excesso poderia constituir

---

21 Elvira Hernández declarou ser uma dessas mulheres "que não estão vinculadas à maternidade". E acrescenta: "A condição feminina tem um grau de complexidade sutil que foi desconsiderada". Assim diz ela, que ao invés de cuidar de filhos cuida de sua mãe.

um perigo.[22] Era necessário impedir isso levantando acusações. A escritora era ou *estranha,* ou *rameira.*

Pouco importa então se esses dizeres tinham ou não fundamento: para o que nos interessa, além disso, a preferência amorosa por um ou muitos homens, por uma ou muitas mulheres, nunca foi incompatível com o desejo materno nem amarrado à sua ausência. Salta à vista, salta, conclusiva, que escritoras de todos os signos e orientações decidiram em igual número se abster ou se aventurar.

A negativa, além disso, esteve longe de ser absoluta: para prová-lo, aí vai, sem demora, o outro cadastro, o das escritoras-com-filhos. Vai um pouco desmembrado, vou logo avisando: são particulares as biografias maternas das senhoras latino-americanas do fértil cânone.

A revisão de seus históricos confirma que procriar não foi para nenhuma uma questão menor nem menos simples. Em tempos de proles numerosas, por exemplo, Gertrudis Gómez de Avellaneda teve

---

22 Lembremos que a desgraçada Emma Bovary, exaltada pela leitura e enfastiada com uma vida de cidade pequena onde não havia nada para fazer, decide buscar amantes. O autor castiga as infidelidades de Emma, que ele mesmo inventou para ela, com uma morte nada plácida no final do romance.

apenas uma filha que morreu aos sete meses, sem incidência alguma na escrita de sua polêmica obra ainda colonial. Entre as escritoras-patriotas dos países do continente, a exceção prolífica (e sem dúvida a menos célebre entre suas coetâneas) foi Eduarda Mansilla: ela pariu seis filhos que carregou para o exílio, mas teve, é preciso acrescentar, um marido que a sustentou. Desse mesmo período: Juana Manuela Gorriti e Juana Manso, ambas mães de apenas dois, declararam ter tido não poucos conflitos para escrever e criar e fugir por motivos políticos. Um paradoxo digno de nota entre as escritoras-patriotas é o de Rosario Orrego: ela não só teve o honorável número de três, mas, progenitora convencida, assinou seus primeiros versos com o pseudônimo de "uma mãe". Mas se, nesses versos, Orrego priorizava o papel materno e o cuidado do filho-anjo negando lugar à *poetisa* ("*Hoy no admiro ya en ti la gran señora;/ la poetisa de gloriosa fama;/ admiro al ánjel que piedad implora/ a quien su madre el desdichado llama*"),[23] na prosa posterior a escritora chilena parece mudar de opinião. Define suas protagonistas por suas opções

---

23 "Hoje não admiro já em ti a grande senhora;/ a poetisa de gloriosa fama;/ admiro o anjo que piedade implora/ que sua mãe o desgraçado chama". [N.T.]

políticas, não pelas emotivas, e menos pelas biológicas: faz "a mãe" desaparecer.

Outras mães desaparecem também entre as escritoras: Alfonsina Storni: solteira, pobre e vilipendiada, se jogou no mar quando viu que seu câncer de seio reincidia: preferiu terminar com sua vida do que sofrer a lenta morte. Mas, antes de fazê-lo, mandou um último poema a um jornal e uma carta a um conhecido na qual pedia um aumento do salário municipal para seu único filho, que já rondava os 25 anos.[24] Juana de Ibarbourou teve também apenas um que virou um déspota e interrompeu sua vida ao trancá-la em casa. E não é uma figura de linguagem: esse filho a espancava do mesmo jeito que seu marido fazia anos antes. Violências e tragédias à parte — e não é fácil apartar a violência contra as mulheres —, vislumbra-se em todas essas mães-letradas que foi uma pedreira combinar a maternidade e a escrita sem ajuda: sem companheiros diligentes e comprometidos a fazer sua parte, sem o voluntariado da sogra, sem serviço remunerado. (O exemplo aqui é a mais nova das Ocampo.) E mesmo em situações em que essa ajuda existiu, não

---

24 Perceberam a quantidade de suicídios? Há também entre as escritoras-com-filhos e alguns têm uma inflexão tragicamente angelical: a poeta Sylvia Plath deixa a seus rebentos um copinho de leite na mesa antes de submergir sua cabeça no gás.

é claro que fosse fácil conjugar todos os seus interesses. Por isso resulta admirável que Elena Poniatowska e Margo Glantz tenham contribuído, no total, com cinco filhos às multidões mexicanas, e que Diamela Eltit e Pía Barros acrescentaram outros cinco às turbulentas ruas chilenas, e que a grande poeta peruana Blanca Varela tenha acrescentado dois filhos ao mundo (um morreria jovem num acidente de aviação e quase a mataria de tristeza): todas essas escritoras exerceram a maternidade ao mesmo tempo que somavam livros inesquecíveis ao cânone das letras.

Será que compartilhavam os trabalhos com os progenitores desses filhos? Permitam que eu ponha isso em dúvida.

Será, talvez, que contavam com ajuda doméstica? Isso me parece mais provável porque essa ajuda é norma em nosso continente, mas isso não se pergunta porque se trata de um tabu entre as escritoras de esquerda: o serviço costuma ser mal pago e se sente os empregados próximos demais.

Ou será que essas escritoras simplesmente não dormiam, que escreviam de noite quando já reinava o silêncio.

Será por isso (porque faltou a elas energia ou ajuda) que Rosario Castellanos e Elena Garro só tiveram coragem uma vez, apesar do estigma e da

acusação de crueldade que recai sobre as mães-de-
-filho-único. Tão obstinada é essa acusação que eu
apostaria que caiu sobre Garro mais do que sobre
Octavio Paz a acusação do descuido: quando o casal ia ao cinema, para que Garro não perdesse o
filme que sem dúvida Paz queria ver, deixavam sua
filha única aos cuidados dos vendedores de doces
da esquina.

Dá para entender para onde aponta este inventário?

Talvez não tenha sabido ser eloquente na revisão
da oposição entre maternidade e escrita. Essas histórias são a prova que me permite autenticar as cinco
teses que esboço a seguir.

Um. A fertilidade da letra feminina foi sempre
incompatível com os imperativos da reprodução.
Dizia-se que as mulheres só deviam parir filhos de
carne e osso enquanto os homens davam à luz fi-
lhos-livros tirados do "ventre de sua imaginação",
depois de alimentá-los por "anos e anos [...] a partir da sua mente e da sua memória". A citação pertence a James Joyce, um portador do pensamento
patriarcal de sua época, mas resgato uma questão
que pode ser deduzida de suas palavras: que tanto
a criação como a escrita são trabalhos árduos (de
anos e anos) que poderiam chegar a ser excludentes.

Essa é uma via que escritores atuais, comprometidos com sua paternidade, começaram a reconhecer na experiência própria: escrever e criar é uma verdadeira façanha para uma pessoa que, além disso, precisa de um salário.

Dois. As mulheres que escreveram e brilharam (as primeiras sobretudo) conseguiram fazê-lo *porque* se abstiveram de tê-los ou *porque* abortaram ou bem *porque*, quando os filhos lhes aconteceram e as incomodaram, decidiram abandoná-los, seguindo o exemplo de seus pares masculinos. Mas a vida não foi justa com essas escritoras: mesmo quando deixaram seus filhos para ir para o exílio, foram duramente criticadas (dou o exemplo de Galvão e Muriel Spark), enquanto ninguém olhou atravessado para eles quando um Rilke ou um Bloy ou um Martí ou um Neruda ou um Fuentes ou um Sábato deixaram a empresa dos filhos para dar curso a suas carreiras políticas e literárias, ou a suas crises existenciais, mesmo quando os filhos desses escritores tiveram vidas trágicas e morreram antes do que seus pais.

Três. Aquelas que puderam baralhar fraldas e mamadeiras, com uma mão, enquanto enchiam a pena no tinteiro, com a outra, escreveram *porque* contaram com ajuda ou com fortuna para pagá-la. A assistência sempre foi indispensável e a ela recorreram inclusive mulheres-sem-homem e sem-filhos. Mulheres-com-mulher como a Yourcenar ou a Mistral ou a Stein viram a utilidade do modelo e o reproduziram: contaram com companheiras que fizeram as vezes de empregada ou de assistente ou de secretária, além de musa. Não por nada a célebre ensaísta-sem-filhos Rebecca Solnit escreveu, em 1972, uma irônica coluna intitulada "Why I want a wife" [Por que quero uma esposa]. Solnit falava da "temível lista de coisas que uma mulher pode fazer por seu marido e seus filhos", e as descrevia como "uma empregada autogestada". Não é estranho então que uma mulher acabe desejando ser homem.[25]

Quatro. As que tiveram filhos e não contaram com meios, suspenderam o ofício por um prolongado e doloroso período e escreveram muito depois, ou pouco, ou simplesmente renunciaram. A isso se

---

25 Vejam a temível listinha que Mario Vargas Llosa reivindicou na recepção do Prêmio Nobel, quando dedica umas palavras de agradecimento à mãe de seus três filhos, a esposa que imediatamente depois abandonaria. Ela é "a prima de narizinho arrebitado e caráter indomável [...] que ainda suporta as manias, neuroses e chiliques que me ajudam a escrever. [...] Ela faz tudo e faz tudo bem. Resolve os problemas, administra a economia, põe ordem no caos, mantém à distância os jornalistas e os intrusos, defende meu tempo, decide os encontros e as viagens, faz e desfaz as malas, e é tão generosa que, até quando acredita que me reprime, faz a mim o melhor dos elogios: Mario, você só serve para escrever".

refere a escritora italiana Natalia Ginzburg, que se perguntou com não pouca ansiedade "como podia escrever tendo filhos", porque ela sentia "uma nostalgia desesperada" de sua arte e se "esforçava em desprezá-la e ridicularizá-la para se ocupar unicamente das crianças".

Cinco. As que geraram e criaram e escreveram e trabalharam ao mesmo tempo são autênticas exceções. Entre elas está a recém-resgatada Lucia Berlin, a escritora americana que criou sozinha quatro filhos enquanto trabalhava em lavanderias e limpava casas ou dava cursos e se mudava de cidade e bebia mais da conta para suportar o peso dessa vida que levou magistralmente à literatura. E há a romancista--mãe argentina Ariana Harwicz que, contrariando um pouco meu argumento, declara que "começou a escrever para escapar da agonia materna". Mas ela, que *só* tem dois trabalhos (de mãe e de escritora) e não trabalha por um salário mensal, confirma, na linha seguinte, que a maternidade "pode ser excessiva e enlouquecedora" e que a literatura a salvou do hospital psiquiátrico. O certo é que todas são rondadas por esse anjo transtornador que as insta a escolher. Quando perguntaram a Clarice Lispector, a grande autora brasileira do século passado, a modelo de gerações futuras, ela respondeu sem um vislumbre de dúvida que seria fácil decidir: "Desistiria da literatura. Não tenho dúvidas de que como mãe sou mais importante do que como escritora".

Assim regressamos à sombra da postergação e da renúncia, retornamos à possibilidade de sublimar a vocação letrada pela superioridade angelical ou mística ou maldita da maternidade.

Tipos de mãe

Vocês devem estar prestes a gritar para mim: maldita, você, feminista empedernida!

Só um instante, permitam que esclareça: me chamar de maldita não me comove e, quanto a feminista, vocês fariam o favor de especificar de que feminismo estão me acusando?

Lamento lhes comunicar que há agora todo tipo de declinações no pensamento político das mulheres. Tantas são suas ideias de liberdade que chegam a se contradizer.

Reparemos na vertigem da emancipação atual.

Numa calçada continuam, carregando cartazes, as feministas igualitárias: aquelas mulheres que defendem — defendemos — não só as mesmas oportunidades e garantias que os homens, mas, além disso, a mesma liberdade de decidir sobre o próprio corpo e sobre a cena materna: a anticoncepção como direito, a maternidade com facilidades, a plena colaboração do casal progenitor.[26]

---

26 E eu fui criticada por usar a palavra "colaboração", mas em sua origem latina, co-laborar significa trabalhar juntos.

Essas feministas-pela-igualdade foram contrariadas, já faz décadas, na calçada do outro lado, por mulheres que sentiram que isso de ser *iguais* não era tão conveniente afinal de contas, e que na biologia, na procriação, mulheres e homens nem eram idênticos nem podiam competir do mesmo modo: era preciso legislar essa diferença, era preciso valorizar a inigualável contribuição feminina. "Iguais mas diferentes!" foi a inflexão que elas deram, escrevendo novos lemas com grossas penas.

Desse feminismo, cindiu-se um grupo ainda mais radical na celebração da diferença: foram outros seus cartazes, mas mantiveram abertos os guarda-chuvas do feminismo, dando a ele uma inflexão essencialista. "Não queremos ser como os homens!", alegaram essas novas defensoras das mulheres. Não invejamos o pênis, sustentaram, retomando licenciosamente as enrugadas ideias de dom Sigmund.

Adoramos menstruar, adoramos ficar grávidas! São essas as feministas-da-essência que se opuseram frontalmente a que as novas tecnologias médicas e os médicos mesmos participassem de algo "tão próprio das mulheres" como a gestação e dar à luz. Preferiram voltar a parir em casa com a parteira de antigamente, aquela que tinha sido destituída dos hospitais pela suposta falta de conhecimentos.

O que nós mais gostamos na vida é ter um filho atrás do outro e dar de mamar para eles! Algumas dessas maternalistas asseguraram — não posso contradizê-las por falta de experiência — que o parto é orgástico e a lactação erótica, mas ninguém se atreve a confessar isso em público porque é malvisto falar desses prazeres que soam incestuosos.[27] Até isso foi roubado das mulheres, dizem: o gozo materno. O poder amamentar à vista e paciência de todo mundo.

E são elas, essencialistas, que insistem na necessidade de dedicar mais tempo a criar seus filhos: para isso são mulheres! Aplaudem a diferença intrínseca dos gêneros e a singularidade ou a superioridade do corpo feminino no feito de gerar. Elas buscam se tornar a sustentação emocional e moral da família.

A retórica essencialista proclama, nessa inflexão, o retorno aos seguintes imperativos:

Ao parto sem anestesia (parirás com dor sob a premissa do credo ecologista?), porque sentir o filho é uma benção e o outro se chama "parto com violência".

A comer a placenta (como fazem tantos mamíferos selvagens e como talvez tenham feito nossos

---

27 O reverso do parto erótico, não necessariamente menos prazeroso, mas igualmente indizível, é o que descreve Maggie Nelson em *Os argonautas*. A sensação de que parir é dar a maior cagada da sua vida, literalmente.

ancestrais peludos com esse órgão efêmero, esse "bolo plano", cheio de oxigênio e nutrientes e hormônios estimulantes do leite. Uma iguaria materna perfeita para o pós-parto!).[28]

À renúncia da mamadeira e à extensão da lactação natural (trabalho de tempo completo, em cujas acrescidas delícias me submergirei nas próximas linhas). E, é claro, ao descarte da chupeta: para isso existe o bico do peito.

À fralda reciclável (lavá-la e relavá-la é outro dever da mãe com consciência ecológica).

À comida orgânica livre de fertilizantes químicos e pesticidas, livre de hormônios e antibióticos, que só se consegue em mercados ao ar livre, a preços exagerados que só algumas famílias podem bancar. (Não esqueçamos que a rejeição aos produtos químicos começa com a gravidez, com a abstenção do café que poderia acelerar o bebê, do álcool que poderia torná-lo alcoólatra, do cigarro e da poluição que abunda nas cidades e da tinta de cabelo que produz filhos-monstros.)

À rejeição das vacinas, porque as pestes são obra da natureza e o leite materno seu remédio natural.

---

28 É o que comenta com ironia Constanza Michelson numa de suas imperdíveis colunas: "Comer a placenta depois do parto é o que vem por aí". Essa seria, diz, "a tendência outono-inverno" de uma "líder de opinião", que encabeça o exército das "mãezinhas furiosas".

(Pouco importa que haja pestes desaparecidas que ressurgiram atropelando crianças e velhos.)

À realização de atividades educativas e estimulantes e apropriadas para eles, nunca para si mesmas (acabou essa história de mandá-los brincar na rua com os amigos para esquecer deles por um tempo!). À recuperação dos agora caros brinquedos de madeira.

À superproteção do filho, como se ele mesmo fosse uma espécie em extinção que requeresse cuidados especiais.

Vocês já devem ter reconhecido: em suma, todos esses princípios são os do retorno à Dona Natureza. Acontece que as essencialistas foram enfeitiçadas pelo anjo-materno agora vestido de verde. Renunciaram às vantagens e descansos que as feministas igualitárias conseguiram e que algumas de nossas avós e mães aproveitaram para se salvar. Mas as essencialistas (que são suas filhas e suas netas) rejeitaram as licenças anteriores e se tornaram mães-de-profissão que estudam os infinitos manuais da criação e até pagam por lições de maternidade que as farão mais competentes, mais dedicadas, mais apegadas a seus filhos. Mães-totais escudadas na retórica da ecologia. Essas mães de aparência progressista deram a volta completa ao círculo, para retornar à retrógrada equação mulher = natureza, que exime os homens. (Se aplicássemos a eles a lógica naturalista, deveríamos mandá-los caçar?) É uma filosofia ou uma ideologia que, como bem aponta a flecha da psicóloga e mãe-reincidente Constanza Michelson, é "de semblante libertário, mas de coração totalitário".

As evidentes discrepâncias entre uma e outra ideologia (igualitária, da diferença, essencialista) poderiam parecer coisa de país super-ultra-desenvolvido — ou de outro planeta —, mas essa contradição começa a palpitar agora por toda parte.

Escolho, para ilustrar a tensão, uma cena na qual discorre essa antipatia entre dois personagens femininos que defendem, sem ser feministas declaradas, seu estilo-de-mãe oposto. Num episódio narrado por Nona Fernández comparecem, precisamente, uma mãe-total (que optou por uma maternidade intensiva e pseudoecológica, por uma criação-sem-vantagens) e sua contrária, a pragmática mãe-pela-metade (a mãe-dividida entre o amor materno e a paixão profissional).

A protagonista da narrativa (como a própria autora, mãe-de-filho-único) equilibra o cuidado do seu filho e seu trabalho de roteirista. É também (eis aqui uma diferença entre narradora e autora) uma mulher separada, uma mãe-sem-auxílio que assumiu uma atitude materna relaxada, a partir da qual observa atentamente a nova mulher do marido, que renunciou à vida de trabalho para assumir uma criação saturada de exigências. "Deixou seu trabalho quando ficou grávida de gêmeas", reflete a narradora. "Uma empregada a ajuda com os trabalhos da casa, mas tudo o que tem a ver com as meninas é ela quem vê. Ela as acorda, as veste, as penteia, dá banho nelas, prepara sua comida, sai com elas para passear, leva-as ao médico, brinca com elas, inventa atividades e leituras pedagógicas, vai com elas à praça, proíbe-as de ver televisão e comer besteiras, assim como de beber refrigerantes".[29]

---

29 A cena interessa também porque recupera o segredo da "heroica dona de casa". A mulher-profissional do romance reconhece na mãe-total os "nervos alterados". Porque "ser devota de crianças pequenas traz consequências ao ânimo de qualquer um", diz. "Nem tudo é felicidade e paz, sou mãe, sei perfeitamente. Vejo suas unhas comidas. Vejo seu dedo polegar direito lacerado, com pedaços de pele ferida, delatando dias inteiros de mordidas. [...] O que ocorrerá quando as meninas não quiserem comer [...]? Ou quando estiverem entediadas? Ou quando brigarem? Ou quando se empenharem em pular na cama ou em fazer algo que não devem? Gritará com elas? Puxará seus cabelos? Haverá empurrões ou tapas ou algo que poderá acabar num traumatismo craniano?". O romance, muito recomendável, aliás, chama-se *Fuenzalida*.

A este último ponto, o da comida, se retorna muitas vezes nas páginas seguintes, porque a alimentação é signo do abismo que as separa como mulheres e como mães. O zelo nutricional que orgulha a mãe-total tem um cariz de excesso purista ao qual a mãe-dividida resiste e do qual inclusive se ressente. Porque nessa entrega absoluta se urde a censura da outra e a implícita acusação de que a mãe-dividida é mãe-deficitária, é a vilipendiada mãe-ruim, que escolheu trabalhar, que assumiu *egoistamente* "outras opções", que a afastam de seu papel essencial. A mulher-dividida teme tanto essa obsessão materna como a censura que cai sobre ela por causa do suposto descuido desse filho que é um só (e ter só um filho é mais um pecado para a mãe-total).[30] Esta é a acusação: a mãe das gêmeas opina que o filho da narradora não recebe uma alimentação apropriada. "Sou uma mulher que trabalha", defende-se a narradora. "Se às vezes a gente come pizza ou uns hambúrgueres ou qualquer porcaria congelada, não quer dizer que a gente come lixo."

Permitam que me detenha um momento na questão alimentícia. Embora aqui a discussão pareça centrada na pizza ou nas batatas fritas e na Coca-Cola — essas

---

30 Embora, como observa o provérbio libanês, citado por Jenny Offill em seu romance, "O percevejo tem cem filhos e considera que são muito poucos".

"porcarias" que numa contradição culpada do texto não são "lixo" — que a esforçada mãe-dividida oferece a seu filho, o alimento é sempre metáfora do cuidado amoroso que se requer de toda mãe. O amor e o alimento estão unidos por uma espécie de cordão umbilical — em inglês unidos no substantivo *nurture* — e se expressam monumentalmente no leite materno.

E pode parecer que estou saindo pela tangente, mas vem ao caso examinar o leite como centro obsessivo do feminismo essencialista, e de sua entrega, mediante o bico do peito e sem outras mediações, ao rebento que a toda hora o exige.

Em que momento se perdeu a mamadeira? Que foi feito do prestígio da fórmula, que complementava, ou substituía, a função do peito para dar alívio às mães? Vou dar antecedentes: a "lactação artificial", esse avanço revolucionário do final do século XIX, criado como contrapeso às altas taxas mundiais de desnutrição e da mortalidade infantil, se tornou uma peça-chave nas lutas das feministas igualitárias. A garrafa de plástico e o leite em pó (a fórmula láctea da liberação) não apenas fizeram a bebedeira de muitos recém-nascidos esfomeados, mas foram considerados uma vitória por muitas mulheres, entre elas Simone de Beauvoir (outra escritora-sem-filhos), que viu na mamadeira a interrupção de uma "servidão exaustiva". Mas foi a substituição do bico de pele pelo bico de borracha o que detonou a revolta de outro grupo de mulheres que buscavam *se liberar* do que interpretaram como uma intervenção tecnológica da pediatria, dominada então por homens, em cumplicidade com as amarguradas-feministas-queimadoras-de-sutiãs.

"Leite de peito, perfeito!", foi o que recitaram as participantes de *La Leche League* — eram gringas mas escolheram nomear sua liga em castelhano —, exigindo o retorno do dar o peito, que, segundo algumas antropólogas devotas da natureza, detonava nas fêmeas a *liberação* de hormônios que estimulavam o amor das mães por seus recém-nascidos. Popularizado o lema — *breast is best* — por revistas feministas e não poucos médicos conservadores, pôs-se de novo em circulação a ideia de que o leite materno era uma espécie de arsenal contra as infecções de ouvido, as doenças estomacais, as alergias; que diminuía a obesidade infantil e continha a irrupção da diabete; que melhorava a pele e até conferia ao cocô um suave aroma de creme! Alguns proselitistas do leite chegaram a afirmar, no clímax do inquestionável "totalitarismo da lactação", que, além de ser uma espécie de vacina líquida (e muitas mães rejeitaram as verdadeiras vacinas), o leite materno aumentava a inteligência e outorgava centenas de benefícios cognitivos medíveis em provas que determinam a qualidade das crianças.

Estimularia, igualmente, a beleza neonatal?

Besteira!

A única coisa que os estudos puderam demonstrar em décadas posteriores é que os anticorpos presentes no leite humano são os que protegem as crianças da indigestão. A imunidade restante, o feto já a recebeu direto da placenta antes de mostrar a cara ao mundo. Logo: não está medicamente justificada a extensão da lactação (muito menos prescindir da vacinação, que elimina ou encurta o tempo das pestes), que, como trabalho de tempo integral que é, sem dúvida restringe o retorno das mulheres ao trabalho numa idade-chave. Sem contar que se uma mulher é deixada sozinha para realizar a lactação, será ela que, também exclusivamente, aprenderá a acalmar seu filho quando ele chorar, será sua especialista em flatulência, sua melhor enfermeira; será ela que, sabendo já tudo sobre seu filho, cozinha e compra para ele a roupa mais recomendável e toma as melhores decisões para ele, excluindo o pai incompetente e mal treinado que se distrai feliz em outras atividades.

Não se trata de negar de maneira absoluta os privilégios ou os prazeres e, inclusive, a gratuidade da lactação, defendidos por milhares de mulheres no mundo todo durante os primeiros anos da infância,[31] mesmo quando a elas se opõem outras milhares de mães reais e ficcionais que falam de frustrantes peitos vazios, de bicos do peito rachados entre gengivas cruéis, do júbilo de deixar de amamentar. "Não era fácil", conta uma personagem de Valeria Luiselli em *Los ingrávidos*, "nunca é fácil ser uma pessoa que produz leite." E Sarah Manguso acrescenta, em *Ongoingness*, o esvaziamento do tempo e de si mesma enquanto amamenta, dia e noite, "tão cansada que estava quase cega", essa criança que tinha se transformado em "seu relógio de leite" ou "sua arma láctea" — não é fácil traduzir *milk clock*. O leite materno pode até ser gratuito, mas o que fazer do tempo-vale-ouro investido em amamentar? Da tirania da lactação? É estremecedor o chamado ditatorial da natureza em "Artemisa", o conto mais celebrado de Pía Barros. Sua protagonista resiste a amamentar seu recém-nascido, mas de nada lhe vale querer se abster: seu corpo se cobre de peitos supurantes. A biologia

---

31 Agora se diz que esses anos vão dos três aos sete, que não são poucos, mas seguindo a inclinação pelos casos extremos, faço notar que inclusive nisso há mais do que fanatismo. Não quero privá-los do caso plenamente documentado de mães que amamentam seus filhos e filhas já adolescentes.

se expressa como uma força que submete a vontade da mulher, obrigando-a a atender a fome filial, tornando seu corpo propriedade exclusiva do filho.

Tem gosto, nem precisa dizer, para todas, e cada uma fará na intimidade o que bem quiser. O que urge é perguntar por que se impõe de novo a moral da lactação exclusiva às mulheres que não podem ou não querem "se dar ao luxo" de amamentar. Por que criticar aquela que extrai leite para dá-lo a seu filho numa mamadeira depois? Por que não aceitar que o leite materno contém suas próprias impurezas, os inumeráveis elementos tóxicos que a mãe inadvertidamente absorve do meio ambiente? Por que eludir o fato de que os novos leites maternizados são puros e nutritivos? Por que se opor, por exemplo, e é outro exemplo tomado da realidade, à oferta estatal da fórmula de leite que democratizaria essa nutrição complementar entre as crianças de menos recursos? Por que negar esse benefício a mulheres de peito teimoso, a mulheres que querem ou precisam desprender o filho do peito para voltar a trabalhar? Por que acusar de vaidade, ou pior, de fazer negócio com o leite em pó do Estado? Por que administrar-lhes a sentença de atentar assim contra a vida presente e futura do filho?

Mãe-ruim!

Mãe *desnaturada*!

Mãe que atenta contra sua natureza e que será castigada por esse agravo contra o próprio corpo. É isso que dizem a ela para amedrontá-la.[32]

Não é disso que a mãe-total acusa a mãe-dividida no romance de Nona Fernández, quando manda dizer a ela que seu filho dorme demais, que o lixo que ela lhe dá de comer o tornou anêmico? Que o fato de seu filho não acordar é culpa sua?

A intensidade desse requerimento moral, no entanto, não é novo: já o adverti e espero estar demonstrando-o. A história das mães é a de recorrências e repetições, o aparente progressismo de corte ecológico não passa do reaparecimento, em versão *new age*, do mandado angélico ou medonho ou místico-feminino,

---

32 Aqui me lanço com outro disparate ilustrativo: durante uma apresentação pública das ideias apontadas neste ensaio, um suposto médico levantou a mão para esclarecer a mim e a todas as jovens sentadas no público que estava "cientificamente comprovado" que as mulheres-sem-filhos morriam mais de câncer de seio, de útero e de endométrio. Tal estudo, declarou, havia sido realizado num convento de freiras. Mas um estudo não faz teoria e menos num recinto regido pelo castigador deus cristão. E já se sabe que a ciência pode ser usada como propaganda maternalista: "Fique livre de uma mastectomia, tenha um filho que nunca poderá ser extirpado". Investigando seriamente o assunto, encontrei, como suspetiava, que o risco de câncer entre as não-mães aumenta *tão levemente* que ter um filho não constitui nem em sonhos uma forma de prevenção.

é o culto renovado à maternidade intensiva e absoluta que funciona, agora, além disso, como um marcador social. Ser uma mãe-obsessiva coloca a mulher-mãe-total num lugar ao qual a mulher-dividida não acede ou ao qual renunciou (também já não tem marido). Essa maternidade-total não só coloca a mãe num lugar da escada, mas situa os filhos vários degraus acima na hierárquica escalada da sobrevivência e do progresso da qual a mãe parece a única responsável. Porque a obrigação atual da mãe é oferecer a seus filhos vantagens comparativas num mundo cada vez mais competitivo, e essas vantagens começam a ser trabalhadas na gravidez, passam pelo parto e se alongam na lactação e na afeição e continuam no constante estímulo intelectual e nas tarefas feitas em conjunto, até o inalcançável horizonte dos etcs.

— Tentaram acordá-lo? — pergunta por telefone a mãe-dividida quando o pai lhe avisa que o filho está há horas tirando um cochilo.

— Não tenho ideia — responde o pai da criança.

— E você está aí sem fazer nada? Você é pai dele.

Não é má a pergunta que ela faz, e eu deveria também fazê-la: onde estão, no meu alegado, os pais ou os companheiros das progenitoras? Ainda quase não falei deles, mas isso não é pecar por omissão. É só que por muito tempo esses pais (como o pai desse filho) se ausentaram dos dilemas domésticos. Apesar de a lei lhes entregar a custódia dos filhos, na história do lar, eles sempre delegaram seu cuidado à mãe. E as mães (é sua essa culpa ou é simples estratégia?) se acostumaram a não lhes pedir ajuda ou a pediam como quem solicita um *favor*, em vez de *demandar* que realizassem a parte que lhes cabia, ou, em alguns casos, as mães se conformavam em confirmar que eles careciam de competência ou de vontade para os trabalhos da casa, renunciando a ensinar-lhes a fazê-los. E porque a cena foi assim por séculos, o pai pôde até muito pouco tempo atrás se resguardar, sem dúvida aliviado de ter sido exonerado dos deveres. E muitos, por que não dizê-lo, continuam descansando nelas.

E me desvio da cena romanesca para acrescentar que, por isso, algumas avisadas mulheres do século que já acabou viram que era uma vantagem se desfazer do casal progenitor e ficar atendendo sozinhas seus filhos. Já não lhes era alheio bater a porta enfastiadas como a Nora, ou expulsar o companheiro que se tornou uma carga, ou se separar-de-fato quando não era legal o divórcio. Mudaram as leis e as mulheres puderam começar a ir embora ou a se separar sem perder os filhos.

Aleluia!...

Aleluia? Não nos enganemos.

Essas novas leis *pareciam* favorecer as mulheres outorgando a elas a custódia dos filhos, mas não eram mais do que um magro favor: se antes elas tinham pouco tempo e muito a fazer, desde então nunca mais tiveram um segundo de paz, nem um final de semana para pensar em outra coisa nem o espaço para melhorar suas vidas buscado por Nora, nem facilidade para ir trabalhar, nem o apoio social necessário. Caíam na pobreza quando os pais sumiam. Porque, embora a lei exigisse (como ainda exige) aos progenitores a manutenção econômica dos filhos, a elas continua cabendo a outra metade, além de todo o resto. Se eles se negavam (como continuam se negando) a contribuir com dinheiro para os filhos ou descanso para elas — só um final de semana sim, outro não! —, para muitas se tornava (e ainda é assim) oneroso pedir a cada vez esse *favor*, era complicado (e ainda é) processar mais de uma vez o pai negligente dos menores. Esta é a verdade: a lei liberou os pais e entregou os filhos à mãe como uma carga exclusiva, como um castigo.[33]

33 E para terminar de ligar os pontos, uma última observação que por ser tangencial não é menos reveladora. Se foi entregue às mães a guarda dos filhos, não seria coerente entregar a elas também a decisão de não os ter? Se são capazes de tomar as melhores decisões por eles, não estariam também preparadas para decidir se abster? Fica em evidência que a lógica é mais perversa: o aborto entrega às mulheres uma liberdade *real* que fica negada quando lhe é conferida a guarda dos filhos.

Volto pela última vez a essa mãe sozinha e dividida entre o trabalho e o filho único inconsciente no romance de Fernández. Volto a essa mãe para sublinhá-la como uma exceção: apesar da emergência, ela consegue fazer ouvidos surdos às críticas angélico-demoníacas das outras mulheres-mães e da mãe-anti-pizza, e consegue ignorar a condenação do mundo ao redor por ela desdenhar o ideal da boa-mãe. Por aceitar ser, simplesmente, uma pessoa: uma mulher que concilia um trabalho com um filho que logo estará internado numa clínica.

Mais ainda, ela é uma mulher que, como a protagonista de um poema materno de Catalina Mena, declara e celebra ser uma mãe "inexperiente" e "improvisada", uma mãe sem manual. Mena reconhece sem pudor todos os mandados que não cumpriu: "Não sonhei a maternidade/ Não comprei um livro de autoajuda/ Não adquiri brinquedos didáticos/ Não tive ideologia", mas, em seguida, opõe a essas faltas o caos gozoso de uma maternidade sem normas: "Ia para a rua e comprava batatas fritas/ E roupa usada de veludo de tamanho mínimo/ Trazia uma jaquetinha kitsch para a minha menina/ E fumava maconha e escrevia enquanto ninava meu neném".

E essa mãe-com-licença (essa mãe "suficientemente boa") apresenta uma opção menos angustiada da maternidade que por ser prazerosa não é menos árdua: a posição de resistência que assumem essas mães-relaxadas ou liberadas é sempre o alvo das chamadas "mãezinhas furiosas" (Michelson) ou das mães-militantes. A resistência consiste então em não deixar que as encham de culpas. Não aceitar o radical não-ter-filhos, mas também não consentir o não-ter-trabalho ou vida-fora-do-lar: diferentemente das Noras do passado a rua para elas é um lugar estimulante, o trabalho é um espaço de desafios e satisfações (assim como de indiferenças e incertezas de que elas conseguem desviar). Elas evitaram ou educaram ou eliminaram o marido-demandante que espera ser atendido pela esposa serviçal. O filho é uma personagem de suas vidas, mas não quem domina seus ritmos existenciais.

Mas repito: por mais sagazes que sejam, nunca estão a salvo da mãe-militante ou da mãe perfeita da qual a exemplar mãe-ecológica é apenas uma variante. E em seu entorno está à espreita outra figura materna quem sabe mais ameaçadora: uma categoria de mães que, para eludir toda forma de renúncia e ao mesmo tempo evitar as críticas, decidiram fazer tudo.

Absolutamente tudo.

Dentro e fora de casa, tudo, e num grau superior de perfeição.

Apresento-a a vocês, embora seja amplamente conhecida por todos.

É a sacrificada e incansável supermãe.

É a esposa-amante. (Para que se casou se não era para ter uma maravilhosa relação de casal em que ela se ocupa de tudo inclusive de se desfazer da competição?)

É a mãe-esforçada-e-responsável. (Para que teve filhos se não era para cuidar e fazer deles os melhores homens e mulheres do universo?)

É a mãe disposta a dar o peito enquanto trabalha, e vice-versa, num alarde de energia. (Para o ponto culminante do debate recente, remeto-os ao pé desta página.)[34]

É a mulher-que-trabalha-de-sucesso, com várias crianças a tiracolo. (Para que estudou ofícios ou carreiras, se não foi para exercê-las, e por que iria reprimir

---

34 Quando a artista Marina Abramović declarou ter feito três abortos porque estava certa de que ter filhos seria um desastre para seu trabalho, e que havia um motivo pelo qual as mulheres não tinham o mesmo sucesso no mundo da arte, a jovem artista Hein Koh respondeu tirando uma foto dela com seus gêmeos pendurados cada um num peito, enquanto trabalhava no seu computador. "Apesar da falta de sono, porque amamentava meus filhos 45 minutos a cada duas ou três horas sem interrupção, continuava fazendo meu trabalho." Koh advogou por enfrentar o desafio da maternidade, por encontrar uma forma de torná-lo produtivo ao invés de pensá-lo como um obstáculo.

suas urgências maternas?) Essa é a mãe-máquina, de existência cronometrada, que sai cedo num carro de preferência utilitário e multifuncional como ela. Anda um pouco despenteada, mas cuidadosamente vestida. Deixa os filhos na escola e continua seu trajeto. Se está um pouco atrasada ou tem que se ausentar por umas horas para a inevitável reunião de pais, nunca usa os filhos como desculpa: repõe as horas perdidas e aceita todos os desafios de trabalho para *provar* — esse é seu verbo favorito — que ser mãe não é uma desvantagem em seu desempenho. Ao contrário, diria a supermãe supurando adrenalina: meus filhos são meu capital. Mas é evidente que ela teme, sem reconhecer, que sua situação materna não seja compreendida por seus colegas e por seu chefe (só as secretárias a compreenderiam, mas ela também não confia nas secretárias, as ambiciosas secretárias sempre foram para ela uma ameaça). Pensa que se ela escolheu trabalhar deve se adaptar, não pedir favores jamais. É o preço de sua independência econômica e no trabalho. Um preço que implica sempre conseguir que o marido não mexa uma palha e não se queixe nunca de nada. Em consequência, a caminho de casa depois de oito ou dez ou doze horas de trabalho intensivo (precedido, se deu tempo, por uma madrugada na academia), acelera para cumprir o *tempo de qualidade* que os colégios inventaram para sobrecarregá-la. Porque não se trata só de chegar em casa e conversar com os filhos, perguntar a eles como foi seu dia e se interessar pelo que estão estudando. Consiste, nesse tempo, de participar do trabalho docente, revisando, ou pior, começando e finalizando deveres cada vez mais difíceis (menos apropriados para a idade) que os colégios atribuem a eles; consiste também em ensinar ao filho o que ele não entendeu durante as aulas, estudar com ele até que aprenda a matéria, dar assistência conceitual no projeto de arte e inclusive realizar trabalhos manuais. Um número inesgotável de tarefas extraordinárias: para além do ordinário e, ao mesmo tempo, extremamente ordinárias.

A supermãe esqueceu como eram as coisas antes, como procedia sua mãe ou sua madrasta ou sua avó ou sua tia quando ela era criança e chegava com deveres de casa.[35] Ela não questiona as coisas como são hoje. Ela vive no presente da necessidade e, por isso, em vez de pensar na carga extra que está assumindo,

---

35 Permitam-me que revire o passado: quais de vocês foram ajudados por sua mãe, trabalhasse ela ou não, a fazer deveres? Na minha infância, a geração anterior, isso era impensável além de desnecessário: as escolas não davam deveres impossíveis e não exigiam que as mães estivessem ali para fazê-los com os filhos. A mãe não era responsável pelas notas que seus filhos tiravam. Essa responsabilidade era do aluno.

distrai-se lembrando que está faltando papel brilhante, cartolina e cola, além de pincéis. Lembra em seguida que não sobraram em casa os cereais favoritos do filho mais velho, as barrinhas energéticas da filha adolescente, o achocolatado do mais novo, a carne para o jantar do sábado. A geladeira se esvazia com a mesma velocidade com a qual ela a enche. Desvia-se então para fazer umas comprinhas. Olha o relógio: está tão perto da tinturaria, se se apressar, chegará a tempo. Ela não renunciaria nunca a ser a mais elegante quando se trata de elegância. A mais moderna quando se trata de modernidades. A mais bem maquiada (mesmo quando retoca a maquiagem nos sinais vermelhos). A mais esportista. A mais culta. A que nunca perdeu nenhum dos filmes que chegarão ao Oscar. Não conhece ainda a palavra "exaustão", sempre chega fresca ao final de semana e não perde o sono: quando coloca a cabeça sobre a almofada, mais do que dormir, quase desmaia. (E ainda assim permanece com uma orelha alerta, caso seus filhos precisem dela enquanto ela acha que eles dormem.)

Essa é uma versão extrema da supermãe, mas há versões atenuadas igualmente preocupantes que valorizam mais a energia do que o merecido descanso, o sacrifício mais do que um equilíbrio no qual todos façam sua parte. E essa situação existe tanto entre as mães-profissionais como na mãe-operária e nas mães-escritoras.

Não vão dizer que sou eu que estou inventando, mulher-sem-vocação-materna. Mulher-sem-experiência que não sabe o que diz. Com vocês, deixo uma dama das letras, María José Viera-Gallo, que sabe mais da conta: além de mãe e romancista em exercício, faz o papel de repórter e escreve colunas nas quais declarou, não sem heroísmo supermaterno, não sem autoadmiração, como fez para trabalhar e escrever *enquanto* criava os filhos.

Aqui vai a longa citação.

(Os itálicos, aviso, me pertencem.)

"Escrevi meu romance *sem ajuda de nenhum tipo*. Não exagero quando digo que com uma mão digitava e com a outra mexia um chocalho. Várias vezes, em seus usuais ataques de fúria, meu filho batia no teclado do meu computador, apagando parágrafos inteiros. (Desfazer edição é um grande comando.) Para poder sentar para escrever em paz, tinha que fazê-lo no momento do seu cochilo e com ajuda de um café puro, já que ele também não dormia bem de noite. Depois fiquei grávida do meu segundo filho, eliminei o café, e escrevi até ter minhas primeiras contrações na sala de espera da clínica. Com essa chegada, começou uma nova etapa: menos sono e menos horas para revisar. Somando o tempo que sobrava para me dedicar ao livro, eram três horas diárias, a metade delas em estado zumbi (minha rotina normal teria sido de seis a oito horas)."

Até aí, a sofrida cena de escrita que viria confirmar as dificuldades técnicas (digitar com uma mão enquanto se entretém o filho com a outra) e a intensificada escassez de tempo e concentração quando se escreve com um berço habitado ao lado. É uma cena que não escasseou em romances protagonizados por mulheres que escrevem, sobretudo em livros com narradoras-com-filhos. Evoco, por exemplo, a devastadora cena de *Los vigilantes*. Nela, Diamela Eltit apresenta uma mulher que manda sucessivas cartas de petição ao marido que a abandonou num estado econômico impossível, enquanto seu filho-bobo perambula ao redor, lança objetos, geme e baba as pernas dela, boicotando seu esforço. Encontro uma instância similar na mencionada obra de Viera-Gallo, mas um pouco mais nova: a mãe digita com a mão esquerda enquanto o bebê se aferra, adormecido, à outra. Entre "a fralda, o leite, os vômitos e regurgitações, a tosse, a meleca e a baba abundante", entre esses ciclos "curtos, repetitivos e urgentes", escreve Luiselli em tom realista e resignado, "é impossível tentar escrever".

Poderíamos pensar que Viera-Gallo declararia algo parecido, em sua crônica, algo sobre a impossibilidade ou a frustração ou a ansiedade, mas tomemos nota do giro de 180 graus que ela realiza para resgatar e validar sua opção materna e torná-la instrumental para sua escrita, coisa nada infrequente entre as escritoras-mães que, confrontadas com a renovada pressão materna, elaboram sua desculpa: "Um filho tira muito de você, *mas o que ele tira ele também devolve. O fato de saber que a qualquer minuto pode chegar uma nova fralda suja para trocar, faz você trabalhar em dobro.* Não só isso. Durante a escrita, *meus filhos e seu cocô me deram uma energia que sou incapaz de descrever*, mas suponho que está escondida em alguma parte do livro". Em vez de fazer da dificuldade uma oportunidade crítica como em Luiselli, em vez de politizar a circunstância como ocorre em Eltit, essa autora se gaba de trabalhar mais intensamente e com desmesurada dedicação; ela celebra, porque quem mais poderia fazê-lo, o fato de dormir menos, de prescindir da cafeína (e, é de se supor, do álcool, do tabaco, de todo estimulante), de perder menos tempo renunciando sempre ao ócio que os escritores são tão dados a colocar no centro de sua poética. Ela se rende ao *multitasking* do qual se jactam também mães-neofeministas como Caitlin Moran, que repetem pontualmente a narração vitoriosa da esforçada escritora-mãe e propõem que, por acréscimo, uma mãe-profissional *deveria inclusive aumentar* suas ambições de perfeição para impressionar os filhos quando eles crescerem e inculcar-lhes uma ética do trabalho e do sacrifício, da qual a supermãe é o melhor exemplo.

A ideia de fundo?

Nada é impossível para a tenaz supermãe.

Não é preciso ser vidente para entender que, nessa mania de assumir tudo, essa mãe leva a uma dimensão superlativa o antigo ideal de sacrifício feminino: é excelente-profissional e boa-sustentadora (mesmo quando houver marido provedor); é a doce esposa e a amante sempre disposta e a mãe esplêndida: dona Perfeita.

Daqui, precisamente, vem minha desconfiança profunda diante desse modelo de mulher: a culpa disfarçada de virtude continua operando com contundência, sugerindo-lhe que, para obter a permissão social que lhe consente sair da velha forma da dona de casa, e para compensar suas prolongadas ausências, deve demonstrar que sua contribuição dentro e fora do lar é fundamental e insubstituível. Não é surpreendente que, sob esse infeliz feitiço, ela trabalhe eletricamente, desmedidamente, submissamente, sem piar: que limpe com consciência, que cate a roupa do chão e a lave (excessiva e prevenida como é) com a dupla quantidade de detergente, que aceite, agradecida, a ocasional oferta de "ajuda" do parceiro ("ele trabalha o dia inteiro, é preciso ser compreensiva"), e assuma como norma a falta de reconhecimento a seu esforço de trabalho (por que seu chefe teria que premiar um trabalho que já está sendo pago, mesmo se mal pago?).

A assumida e autoexigida supermãe se parabeniza porque provou ser melhor do que essas outras mulheres. A *incompleta* mulher-sem-filhos. A *covarde* mulher-com-filhos-mas-sem-trabalho. A mãe-profissional-relaxada (que para seu gosto é irresponsável e incompetente). Se alguma delas a chamasse para ver se vão juntas para a rua exigir uma mudança na estrutura social ou uma ajudinha estatal para a família, a supermãe se desculparia: "Em que minuto do dia, você pode me explicar? Tenho coisas um pouquinho mais importantes para fazer".

Ela não pede ajudinhas, essa é a verdade.

Ela é capaz de fazer tudo sozinha.

Ela não renuncia.

Por que teria que renunciar a ter tudo o que quer numa época que privilegia a realização de todos os desejos individuais, que pensa na vida como um projeto?

Entendam-me bem.

Não é que eu recrimine essa mãe. Compreendo seus afãs, sei que responde sem saber ao chamado do anjo mais poderoso que já se conheceu. Um anjo perfeccionista e competitivo que, ao estilo dos tempos, a impele a trabalhar mais e a se submeter às necessidades dos filhos sob o risco de cair no inferno da recriminação alheia e da própria ansiedade.

Não a recrimino, mas a desaprovo: ela está esquecendo que tudo tem limites e que não se trata de demonstrar aos outros o quão fabulosa ela é. Peço que tire o pé do acelerador e observe a situação com a qual se confronta, porque conseguir se sentir superior é apenas uma questão de contingência, não de talento ou de tesão, e a circunstância sempre poderia mudar. Que desça desse carro que é sua cápsula blindada e que olhe, para além de si mesma, a situação do seu gênero na injusta sociedade em que vive.

Mãos invisíveis

Zombar da mãe-total ou da supermãe ou inclusive da mãe-dividida é mais fácil do que examinar quais ansiedades mobilizam nelas a chamada "compulsão materna"[36] e as levam à sua própria anulação. Por mais que elas afirmem que fizeram tudo por vontade própria, seguindo seu desejo e o de mais ninguém, esta pergunta fica rondando: em que medida tudo já estava pré-moldado para elas, com quanta verdadeira liberdade montaram sua vida, quanto a forma política, social, econômica que habitam afetaram suas decisões, de maneira invisível

---

36 Refiro-me ao que Betina González, escritora-sem-vontade-de-filhos, chama de "maternidade *compulsiva*", no sentido obrigatório de *compulsory*. Não ao desejo urgente e contínuo que se manifesta no vício na gravidez em mulheres que buscam preencher um vazio emocional, sentir-se úteis ou admiradas, prender o marido ou evitar de se relacionar com ele como um par, escapar do trabalho remunerado e se isolar em casa porque temem se confrontar com o mundo. Porque não é criar filhos o que essas compulsivas mães querem, mas permanecer para sempre no limbo da prenhez: por isso incorrem em gravidezes sucessivas quase sem descanso, por isso permitem que mulheres que querem mas não podem engravidar usem gratuitamente seus ventres.

e perversa, de maneira poderosa, ideológica, ou melhor, hegemônica.

Tão sozinhas, além do mais.

Porque as mães — acho eu — estão muito sozinhas. E não digo desacompanhadas em suas casas-com-filhos ou em seus apinhados postos de trabalho ou nas ruas abarrotadas de gente. Não digo sem anjo que fale com elas, dia e noite: elas continuam rodeadas hoje de uma multiplicidade de vozes discordantes, vozes que as sobrevoam, deixando-as tontas, enchendo-lhes a cabeça de desejos contraditórios que as impedem de prestar atenção no que suas mensagens sinistras encobrem.

(O que é que esses anjos nefastos continuam murmurando? Nada novo: o amor incondicional da mãe como sinônimo de um trabalho que não tem retribuição nem conhece descanso. O que conspiram, o que ocultam? O que já foi dito: mães exaustas, ambivalentes, culpadas, inseguras, zangadas, odiosas e deprimidas, e inclusive, em casos que abordarei mais adiante, mães violentadas pelos próprios filhos.)

Mas para não redundar no já sabido, me detenho um momento nessa solidão materna que consiste — eu acho — no isolamento profundo no qual vivem as atarefadas mães de hoje: sua alienação, sua escassa consciência de direitos cada vez mais recortados, sua insuficiente manifestação cidadã, sua quase nula incidência em políticas públicas que as levem a sério e valorizem sua contribuição em dinheiro vivo. A verdade é que elas não têm tempo para se dedicar a essas questões, e parece quase contraditório pedir às mães-trabalhadoras que assumam, além disso, essa tarefa, mas suspeito que mantê-las tão ocupadas é, precisamente, o que as impede de elaborar um pensamento crítico de sua situação e fazer alguma coisa. Porque não há outra alternativa além de colocar suas ásperas mãos na questão. Foram sempre as mulheres que brigaram por sua causa e conseguiram mudanças liberadoras (quase) sem a cumplicidade de seus companheiros ou de seus familiares e menos ainda dos políticos da vez. Foram as mulheres que tiveram que exigir proteção social e outros benefícios do Estado.

Vocês já devem ter notado que o Estado foi, até agora, o grande ausente desta ladainha. Chegou o momento de avaliá-lo e de exigir dele o que lhe cabe. De demandar que seja consequente: ou são moderadas suas pretensões reprodutivas e se educa sexualmente os menores e se permitem campanhas de prevenção da gravidez e se distribuem preservativos e pílulas anticoncepcionais ou do dia seguinte e se amplia o direito ao aborto;[37] ou bem se auxilia a família até que seus filhos sejam adultos.

É muito simples e necessário, eu acho. E não estou falando para mim mesma neste assunto, não caí num delirante arroubo, não estou falando sozinha: estou travando um diálogo com as especialistas.

Cedo a palavra a Marta Lamas, cientista política mexicana e mãe-de-filho-único, que, com tanta lucidez e tão melhor do que eu, assinala que "se a família tem superioridade moral sobre qualquer outro âmbito no discurso público", como é que "não é dada a ela prioridade política com medidas que verdadeiramente conciliem o trabalho e a casa". Lamas coloca uma lupa potente sobre a realidade de trabalho das fêmeas e observa o seguinte: um, que as mulheres em idade fértil encontram por toda parte obstáculos de contratação; dois, que as grávidas raramente conseguem emprego; e três, que em cada vez mais países o Estado lavou suas mãos capitalistas e, ignorando suas responsabilidades custodiais, cedeu a gestão da maternidade à empresa privada regida por homens que não cuidam de filhos. Empresários-pais-de-família que urdem sua misoginia na retórica do benefício

---

37 Perceberam o quão difícil é legislar de maneira progressista nesta matéria, viram que em alguns países se tenta fazer desaparecer os direitos já adquiridos pelas mulheres sobre seus corpos?

econômico para não contratar mulheres ou que, se as contratam, escolhem não lhes conceder licenças-maternidade (as paternas são ainda mais infrequentes e muitos pais, tendo-as, não as aproveitam) e decidem não investir em berçários nem em zonas exclusivas de lactação, nem prestam atenção nas justificativas das já-mães quando os filhos ficam doentes. Empresários e, é preciso dizer e denunciar, empresárias com a cabeça no lucro, que ignoram aquelas mulheres que "tiraram uns anos para resolver questões familiares", e que gostariam de retornar a seus postos de trabalho.

A lista de Lamas não acaba aí e eu também já contribuo com minhas observações; aqui vai a quarta: que as mães-trabalhadoras raramente contam com cuidado doméstico para seus filhos que não seja pago do seu próprio bolso precarizado. Porque não esqueçamos que os salários femininos são inferiores aos masculinos por mais que ambos tenham as mesmas qualificações e trabalhem as mesmas horas. Conclusão: para uma mulher, o custo de ter um filho é enorme.[38] E o

---

38 A escandalosa realidade da discriminação salarial é digna de um esmiuçamento estatístico que poderão encontrar online. Não estendo este pé de página a não ser para assinalar que nenhum estudo desmente essa diferença que vai de 5% a quase 40%, sendo a média internacional de 15%. O Chile está vergonhosamente acima, a Espanha afortunadamente abaixo.

que dizer, acrescenta Lamas, quando às crianças se soma o cuidado de familiares deficientes, doentes ou anciãos (historicamente outro serviço obrigatório feminino); obstáculos demais para seu desempenho no trabalho e tão poucas medidas estatais que *descarreguem* as mulheres da atenção de seus dependentes e desafiem a tradicional divisão do trabalho na organização do cuidado. Que incluam os homens, que ofereçam a ambos flexibilidade de horários ou trabalhos de meio período, por uma temporada ou até que os precisados deixem de precisar ou até que as crianças entrem na escola. Mas — acrescentemos uma quinta perna a essas observações críticas — os horários escolares também não são compatíveis com os trabalhos, apesar da situação econômica da família ter se transformado há mais de um século.

Reparem, então, na pouca importância real que é outorgada ao esforçado e determinante trabalho dessas mães que recebem discursos laudatórios cada vez que alguém se lembra de que sustentam suas famílias. Tomem nota de que o auxílio familiar, que o Estado proporciona em cotas escassas, costuma ser completamente normativo. Porque, como adverte outra especialista nessa matéria, a socióloga-e-mãe-de-filho-único Maxine Molyneux, a partir dos anos 1960, quer dizer, com a ascensão do sistema neoliberal, o modelo mudou, mas a mãe ficou para implementá-lo. Querendo eludir o assistencialismo de políticas sociais anteriores — consideradas paternalistas e populistas e severamente criticadas porque a entrega de recursos não produzia o rendimento esperado e transformava os beneficiários em dependentes do Estado —, os programas de corte liberal ou neoliberal exigem que a "cidadania" (palavra-chave) "participe" (idem) da "gestão" ou "cogestão" desses fundos.

Com uma clareza que fere os olhos desta entusiasta leitora, Molyneux coloca o dedo nessas palavras e demonstra que pôr em prática essas políticas de proteção social requer que seja a progenitora dos setores mais pobres quem se encarregue de produzir esses resultados na nutrição, na saúde, na educação. Requer-se que ela, e só ela, assuma mais uma vez o papel tradicional da mãe-em-casa que, com tanta frequência, ela não é porque, seja ou não mãe-sozinha, ela tem que trabalhar fora. Mas ninguém se lembra disso e pede-se que participe em horário de trabalho das reuniões, que receba as compras e que dê conta do seu uso e um longo etc. E é ela quem é castigada pela falta de assistência, mesmo se sua justificativa for que estava trabalhando. Mas não: o Estado a requisita para que o sistema de assistências funcione.

E assim a mãe fica a serviço do Estado, que antes trabalhava para ajudá-la.

Sem calculá-lo — o que estou dizendo? por que me faço de boba? sai daqui, anjo, deixe que o diga com todas as letras: calculando-o! —, o Estado reproduz com suas políticas a assimetria histórica dos gêneros centrando-se no bem dos filhos, responsabilizando por tudo, tudo, tudo suas mães e fazendo retroceder — mais uma vez, em pleno século XXI! —, fazendo retroceder, repito, a mulher ao papel tradicional da maternidade, na qual conspiram todos os discursos já mencionados. Por isso é preciso desconfiar do elogio público ao seu trabalho: é uma faca de dois gumes. Ao invés de oferecer-lhe saídas, aprisiona-a ao espaço doméstico. Porque, reparem nisto, continua palpitando no nosso entorno a ideia de que o trabalho *produtivo* é masculino, e o re-*produtivo*, um serviço obrigatório da mãe. Em outras palavras, as mulheres produzem e se re-produzem sem que seja valorizada nenhuma de suas produções.

E isso, que sempre foi assim, não fez mais do que se consolidar sob as prerrogativas "libertárias" das chamadas "democracias liberais", que são tão pouco democráticas com suas mulheres. É nessas democracias onde se encontra o verdadeiro nó da contradição atual, porque o sistema de produção capitalista dessas democracias requer o mal pago trabalho feminino e seu sacrifício materno para funcionar. O sistema capitalista de fato *conta* com a exploração das mulheres para se sustentar, conta com que uma parte de sua produção seja gratuita. Para colocá-lo numa linguagem já fora de moda que a diatribe sem dúvida alenta, a mulher-profissional, seja mãe ou não, é um membro invisível da classe trabalhadora; sua única posse na criação de valor é seu corpo (suas mãos, suas pernas, seus órgãos internos, seu cérebro). Sua capacidade de trabalho físico a torna uma proletária. Uma mulher expropriada dos meios de produção.

E não posso nem quero eludir esses conceitos usados pelo audaz Marx que, em 1844 e inspirando-se no seu xará Fourier, argumentou que a situação das mulheres era "a medida do desenvolvimento de uma sociedade" e que um modo de escapar das relações sociais impostas pelo sistema capitalista consistiria em pensar novas formas de relação social que não se baseassem *exclusivamente* na formulação crua do valor.

Mas o que vocês querem? Dom Marx falhou em sua previsão da ascensão de um sistema mais justo e igualitário. A utopia do Estado marxista ou socialista ou leninista, onde íamos compartir tudo e nos sacrificar por todos, foi vencida pela utopia capitalista da competição crua. E este sistema, o que se impôs, pode agradar menos a nós e mais a outros, mas acredito estar correta quando afirmo que a versão mais cruel do capitalismo atual se livrou dos valores solidários. O objetivo do capitalismo selvagem consistiu em fazer desaparecer o Estado subsidiário que compensa os cidadãos mais vulneráveis. Essa ideologia despreza a necessidade e os chamados de assistência social. Sua premissa é o esforço individual. E os problemas serão resolvidos pela mão invisível do mercado, por mais que tenha tão pouco de invisível essa mão cheia de anéis que hasteia hoje o lema do salve-se-quem-puder.[39]

Esse sistema endossou à família, mas, como sempre, principalmente à mulher, a responsabilidade por tudo o que o Estado não oferece mais à sua cidadania. É a família, mas principalmente a mãe, que deve se ocupar de que os filhos sobrevivam e prosperem. Nas sociedades neocapitalistas (das quais a Europa se aproxima a passos largos), o esplendor futuro do filho (a otimização de todas as dimensões de sua vida) é a única coisa que o pai e, evidentemente, a mãe acreditam poder brindar-lhe: todo o resto que

---

39 As únicas invisíveis foram as mulheres que, como um exército, custearam o preço da sobrevivência de seus filhos. Assim diz, e eu a traduzo, Maxine Molyneux.

uma mulher-mãe desejar fica então reduzido a uma irresponsabilidade contra o bem-estar e a sobrevivência de seus descendentes.

É isso que empurra as mulheres-mães a tornar efetiva sua jornada dupla, a aumentar sua produtividade e sua capacidade de consumo (esses filhos têm cada vez mais necessidades). Eles foram informados que na acelerada era do capital aquele que não corre fica para trás e ninguém vai recolhê-lo: não a sociedade. É a mãe que sente que deve assegurar ao filho o que o Estado não lhe oferece mais, e é tanto o que o Estado não lhe assegura mais. Nem um sistema de saúde apropriado, nem trabalhos pela vida toda sem discriminação salarial, nem aposentadorias dignas num sistema de previsão que não esteja em jogo na bolsa.

Um cenário de total desproteção que se inicia na falta de uma educação de qualidade.

Essa é a única coisa que a família e a mãe podem assegurar ao filho: aquela educação de qualidade que praticamente nenhum Estado oferece mais de maneira gratuita. Que nenhum Estado oferece à totalidade de seus cidadãos.

Que cada um pague o seu.

E se não pode, que não se eduque.

Que se coce com suas próprias unhas ou que trabalhe.

Numa cena de crescente desigualdade econômica, o que o Estado capitalista nega a seus cidadãos é a garantia da mobilidade social antes possibilitada pela educação pública. Esse benefício com o qual contaram as crianças de gerações anteriores — sem ir mais longe, a geração dos meus pais — acabou faz tempo. E com o fim desse benefício chegou o medo do desabamento social que os pais e, principalmente, as mães são obrigados a solver para além do pagamento de seus impostos e das altas mensalidades das escolas. E, para além da escola, em atividades extracurriculares que também saem do orçamento familiar, no transporte e na proteção nas ruas menos resguardadas, menos iluminadas, e dentro do lar, na assistência nos deveres e no estímulo constante: o tempo "de qualidade" exigido da mãe está destinado a formar um filho "de qualidade". Porque o movimento da ideologia neoliberal é duplo: restringiu fundos e, ao mesmo tempo, responsabilizou os progenitores do devir qualitativo dos filhos num mundo que valoriza a produção e o acúmulo e o gasto.

O filho, então, não é mais só um filho ou uma filha, é uma projeção do sucesso ou do fracasso da família; é, em si mesmo, um projeto.

Não é nenhum mistério então que, na falta de valores solidários e confrontados com uma situação desassistida, as classes privilegiadas tenham se tornado especialistas em conseguir que seus filhos ascendam às custas dos filhos mais precisados de subvenção. A classe média, que aspira a ser alta e a se manter em cima, se empenhou em investir em seus filhos e se assegurar de que a ascensão social seja para eles, e, para isso, é preciso impedir as mesmas oportunidades para os outros.

Esse tratamento diferenciado, essa valoração da competição desleal, essa celebração do individualismo e do narcisismo, são os modelos que estão recebendo os filhos de hoje, os pais e mães de amanhã, ou pior, os futuros líderes. E se ninguém percebeu é porque a teleológica imaginação liberal nos convenceu de que a história se desdobra para a frente de maneira progressista. É mentira. Essa história está indo em outra direção e seria necessária uma vontade política que a colocasse no bom caminho, uma mão visível que assegurasse um futuro digno para todos.

Para isso seria necessário que as mulheres saíssem às ruas com seus cartazes.

Silêncio, sussurra o anjo-capitalista por trás.

Eu, sentindo-o perto, começo a tremer.

O império dos filhos

Peço um minuto de rigoroso silêncio pelas mães de hoje (e pelos insuficientes pais-engajados, que começam a fazer sua metade). Peço um ou três minutos sobretudo por ela: tão sufocada pelas responsabilidades, tão cansada, tão frustrada, que nenhum misticismo a comove mais. Nem às mais elétricas dessas mulheres sobra energia para tentar o papel da mãe-superior-em-tudo. Vai ver que começam a se convencer de que há algo dissonante nessa vida sobrecarregada de deveres que ninguém agradece. Seu estresse emocional aumentou, a intimidade com seu parceiro diminuiu, a erosão de sua situação financeira é notável; sua infelicidade, generalizada.

E seus filhos se tornaram mais dominadores.

Essa é a situação de muitas mães neste século que começa. E embora ninguém queira declará-lo — é tão pouco chique deixar à mostra o queixume materno —, ninguém recusa, mesmo que em sussurros, essa verdade.

Na falta de confissões estridentes, vamos projetando situações conhecidas.

Imaginemos a mulher-mãe atual na desvantajosa situação da mãe-sozinha. Sem ajuda e sem horas extras a que recorrer quando seu filho nasce. Ela, que enquanto estava grávida foi submetida a uma verdadeira avalanche de manuais-de-gravidez e outros agentes do "controle de qualidade fetal" que a advertiam sobre os infinitos riscos aos quais o embrião se expunha, depara, quando o feto-feito-pessoa finalmente nasce, com as bíblias da criação e com o pediatra e o coro das boas-mães que insistem em sua entrega total ao filho, que hoje mais do que nunca parece requerê-las. É uma entrega que não tem mais volta, desde o momento em que o bebê começa a chorar. Em vez de deixá-lo berrar no berço até adormecer de cansaço, como faziam nossas astutas mães, seguindo a recomendação dos especialistas, ela agora tem que acompanhá-lo em seu eterno choro diurno e noturno. Tem que acalmá-lo com o peito. Ler para ele histórias até apaziguá-lo. Tem que sacudi-lo ou levá-lo para passear. Tem que deixar que faça birra em público até conseguir o que quer, porque é necessário que ele se expresse. Tem que, tem que! Tem mais o quê? Tudo isso e mais, porque o filho é essa coisa delicada e feroz que a mãe deve se assegurar de não estragar. Seria sua responsabilidade exclusiva, porque, como eu já disse, ela está sozinha demais, e está cansada e deprimida. Não seria totalmente desprezível se compadecer um pouco dela, se ela mesma já não se compadecesse, em silêncio, atrás da porta, aterrorizada, como tantas mães, hoje mais do que nunca, diante do impulso irreprimível de jogar essa criança pela janela ou escada abaixo.

Imaginemos, para continuar, essa mulher em outra versão possível de sua lamentável existência materna dominada pelo filho; nesta versão, ela tem um companheiro que quer ter filhos com ela e compartilhar o esforço de criá-los, mas que, submerso nessa realidade, sofre uma espécie de retorno ou regressão à própria infância e busca recuperar nessa mulher sua mãe e, em seu sucessor, um igual. As manifestações dessa nostalgia da infância são explícitas num testemunho do polemista Rafael Gumucio: orgulhoso pai-de-dois, o também romancista chileno garante que a paternidade significou para ele "ser cada vez mais filho", conectar-se de novo "com o filho que foi e que sempre será". Assim diz, antes de acrescentar, para concluir e contrariar-se, que passou "de ser um pai sem filhos a ser um filho que ensina a outro a arte de ser filho". Provocação ou relato realista da própria paternidade, o certo é que há no mundo progenitores que regridem com seus pimpolhos até o berço e decidem ser tão desamparados e dominantes quanto suas crias, ou ser amigos ou colegas de bagunça de seus filhos. Em vez de ajudarem a cuidar deles, primeiro, e a discipliná-los, depois, redobram a carga e os conflitos da mãe. Conclusão: é ela quem acaba sobrecarregada por uma prole multiplicada, em que há crianças e adultos que agem como crianças, enquanto a ela cabe o papel de mãe e pai.

Descartemos, no entanto, essa imagem inconveniente de pai-tornado-filho, enquanto sua esposa frita ovos com uma mão e liga para o escritório com a outra. Imaginemos, numa terceira situação, que essa mulher-mãe é, por sua vez, sortuda. Bingo: foi favorecida com um parceiro entusiasta-dos-filhos, agora que tê-los é uma decisão menos espontânea, mais refletida. Esse parceiro decidiu voluntariamente se encarregar da exata metade de *tudo*. *Tudo*, esclareçamos, incluindo postergar suas próprias necessidades de descanso noturno e diurno, de ócio, de imersão ininterrupta no trabalho, de brilho social. *Tudo*, insisto, incluindo a suspensão temporária de seus apetites sexuais e a renúncia a buscar abrigo em outros braços (a mãe, recordemos, terá os seus ocupados em embalar o recém-nascido na inútil tarefa de fazê-lo dormir antes de empurrá-lo para o parceiro para que ele tente também).

Sei que virão para cima de mim as infinitas mulheres que não estão na privilegiada situação de compartilhar as tarefas, mas esses homens começam a aparecer. É uma tendência que já se verifica nas estatísticas de países com orçamento suficiente para gastar nesses assuntos.[40] E, embora as estatísticas nunca sejam totalmente confiáveis, a idiossincrasia da família se transformou um pouco. Algumas mulheres latino-americanas da classe média educada começam a falar de "contas separadas, casa compartilhada e responsabilidades iguais", ou quase. E, embora esse *quase* certamente cresça com o aparecimento dos filhos, não é difícil constatar que os pais-engajados de hoje realizam mais tarefas domésticas e prestam

---

40 Refiro-me aos Estados Unidos. Em 1980, 30% das mulheres casadas declaravam, nesse império das estatísticas, que o marido não ajudava *em nada*; já em 2000, 18% os acusavam disso, e 30% diziam que eles faziam *a metade de tudo*. É preciso desconfiar um pouco desses números, que não explicam o que significa para elas essa *metade de tudo*; essa *metade* poderia ser outra versão complacente do *me fez o favor de ajudar um pouco*. Faço a ressalva porque não falta a contraestatística que revela, nesse mesmo país e nesses mesmos anos, que, na criação dos filhos, as mães são, de longe, mais infelizes que os pais-colaboradores.

mais atenção aos filhos do que os de gerações passadas. (Nossos pais, quando lavavam uma xícara, o faziam a contragosto, como um *favorzinho* do qual nenhum de seus colegas devia ficar sabendo.) Hoje já não se vê com maus olhos nem é excepcional que um pai acorde à noite para alimentar seu rebento, que empurre o carrinho pela rua, que troque as fraldas de vez em quando e, em alguns casos, sempre.

E talvez seja preciso agradecer aos casais do mesmo sexo por terem colocado em xeque a ideia de família e as antigas certezas reprodutivas ao demonstrarem, eles e elas, a mesma capacidade das mães para se encarregar totalmente dos filhos e os mesmos talentos dos pais. Dito de outro modo, é preciso dar crédito aos casais igualitários por demonstrarem até que ponto são construídos os papéis e como é fácil derrubá-los, quando se quer.

Mas anoto também este dado para quem quiser pensar sobre ele: agora que a noção de família se ampliou para incluir maternidades e paternidades homossexuais, ocorrem dois fenômenos complementares que assinalam o modo como os filhos são usados contra seus pais e mães. O discurso tradicional da família se repete com assombroso mimetismo em muitas uniões igualitárias — e minha opinião é que então já não lhes cabe, por terem caído na convenção da família burguesa, o adjetivo *dissidente*. Em muitos desses casais-com-prole se repete o discurso da *completude* através do filho e se reforça um modelo de criação que coloca o filho como centro regulador de todas as atividades, desejos e ansiedades do casal progenitor. Isso por um lado. Por outro (e esse é o complemento perfeito para a guinada convencional dos casais do mesmo sexo), o aparecimento dessas novas famílias igualitárias provoca reações conservadoras que usam como argumento dissuasivo contra eles — já adivinharam? — a suposta situação vulnerável de seus filhos! As vozes mais reacionárias asseguram que viver nesse contexto incomum expõe os filhos, pobres vítimas, a grandes riscos para seu desenvolvimento cognitivo, para sua identidade sexual, para sua estabilidade futura. Tudo para desautorizar a crescente aceitação social das famílias igualitárias mas devotas e também martirizadas por seus filhos.

Seja como for — esse assunto tem dobras demais para que todas se resolvam nesta breve diatribe —, voltemos à situação da mulher-mãe apoiada por seu parceiro e façamos uma pergunta evidente, além de retórica.

Esse contexto de colaboração não seria *ideal* para criar pelo menos um filho no século atual? Certamente: teria que ser ideal!

Por que não está funcionando, então, essa receita-de-felicidade?

Por que essas mães continuam se queixando? E, além delas, por que esses pais ou esses casais que compartilham tudo também se queixam? Com ou sem um Estado benfeitor, a carga não deveria ter sido reduzida pela metade para permitir que ambos fossem menos infelizes durante a criação dos filhos? Não seria, quem sabe, indício dessa infelicidade compartilhada o bem-sucedido surgimento de uma nova literatura infantil para pais e mães — o sucesso de vendas *Go the F—k to Sleep* ou, para dizer sem papas na língua, *Vai dormir, porra*, ou o célebre *Monsters Eat Whiny Children* [Monstros comem crianças choronas] —, uma saga de livros que falam da exaustão generalizada sofrida pelos progenitores diante de multiplicadas exigências da criação e a total carência de norma disciplinar que os proteja dos próprios filhos?

Uma verdadeira charada para a qual gostaria de apresentar uma modesta hipótese. Uma não tão recatada resposta. Um latido acusatório destinado à sociedade capitalista que propiciou na nova geração de filhos-superestimulados, superprotegidos, mimados e malcriados, o surgimento de uma raça de filhos-estorvo, de filhos-irresponsáveis, de filhos-agressivos e birrentos, ou pior, de filhos-abusadores e até espancadores, sobretudo de suas mães. Acusam-se as mães de terem descido tão baixo, de terem criado monstros, mas é muita a contradição que elas carregam, é fácil demais culpá-las, como historicamente foram culpadas por tudo. "Se um filho sai torto, alcoólatra, mentiroso, delinquente, psicopata, terrorista, é culpa da mãe", afirma Sonia Montecinos, antropóloga e mãe-de-filho-único, e acrescenta que "o pai nunca parece ter nenhuma incidência". É sempre a mãe que carrega o devir do seu descendente diante da sociedade, da família e, inclusive, diante do julgamento dos próprios filhos.[41]

41 Aos filhos se concedeu inclusive serem juízes da mãe na realidade ou na imaginação. Na que seria a entrevista com maior ibope de toda a história da televisão, a jornalista Barbara Walters perguntou à efêmera amante do presidente Bill Clinton: "O que você dirá [sobre o episódio] aos seus filhos quando os tiver?". Diante de 50 milhões de espectadores, Monica Lewinsky respondeu: "A mamãe cometeu um erro grave". Walters não apenas usa o subterfúgio do *quando* (que não chegou a se cumprir nesse caso), mas, além disso, presume que esses filhos terão *o direito* de julgar Lewinsky.

Dirijo minha crítica, aqui e agora, ao filho que criamos e ao lugar onde o colocamos. Não mais ao papel que desempenharam a maltratada mãe e o confortável progenitor, não mais à influência da conservadora sociedade com suas mensagens contraditórias, não mais ao desigual sistema político e econômico que apagou o mapa atual dos valores solidários. Ao filho separadamente, se isso for inteiramente possível e, na verdade, não é. Mas examinemos sua história antes que eu verta sobre ele meu veneno, vejamos o que aconteceu com o filho para que chegássemos a ser seus prisioneiros em tempos de máxima liberdade.

Abro a enciclopédia e sinto que o anjo franze o cenho, mas o ignoro. Deslizo os grossos óculos sobre o nariz para ver o que dizem suas páginas e confirmo minha suspeita: a infância, tal e como a entendemos, é na realidade uma invenção tardia. Antes do século XVII — assim diz o catatau —, as crianças eram vistas e representadas como adultos em miniatura. A partir dos seis ou sete anos, a única diferença entre grandes e pequenos era o porte. E tinham-se filhos a rodo porque, embora fossem adultos-de-tamanho-reduzido, colaboravam enormemente com o trabalho do campo e da cidade. A página mostra uma gravura de crianças magrelas limpadoras de chaminés em plena Revolução Industrial; a página seguinte está ilustrada por crianças lavrando o campo. Todas essas crianças somavam seus pequenos corpos à guerra ou encorpavam as insurreições sociais. O que fosse necessário. Já as meninas, cuja utilidade estava na produção de novos corpos para o trabalho, eram casadas numa idade que nos parece, agora, precoce demais: para os de então já eram pequenas mulheres.

Não estou perdendo o fio da meada nessa revisão do passado.

O dado que persigo é mais necessário do que acessório: a infância em algum momento foi um período extremamente curto na também breve vida dos seres humanos. Ela acabava com a chegada abrupta de uma idade adulta de trabalho braçal ou intelectual, sem escala na adolescência, porque essa ainda não existia. Junto com a extensão da expectativa média de vida, prolongou-se a infância e surgiu a adolescência. Não pode ser por acaso que, em 1904, mesmo ano em que a ciência ratificou a etapa adolescente, tenha se tornado célebre a figura de um jovem que se nega a ser adulto e que arrasta com ele outras crianças que resistem a crescer. O criador de Peter Pan, um esquecido dramaturgo escocês que não teve filhos (mas de quem se especula condutas impróprias com filhos alheios), selou no imaginário o ideal de uma infância perpétua muito de acordo com o novo espírito da época. A imagem seria lacrada definitivamente por Walt Disney, enquanto surgiam leis que estendiam o número de anos nas salas de aula, que retardavam a entrada dos jovens no mercado de trabalho, que os impediam de consentir legalmente o sexo mesmo quando já o praticassem e que, inclusive, proibiam seus casamentos sem a autorização dos adultos.

Durante certo período, os adolescentes *adolesceram* de direitos cívicos e deveres, e, embora seu estatuto entre criança e adulto continue sendo discutido e alterado, encurtado ou esticado segundo as necessidades de cada lugar e de cada instante, esse limbo protetor continua existindo, porque a sociedade se impôs proteger os menores da exploração do trabalho, do abuso sexual, do despotismo da rua, de drogas infernais, de infinitos infortúnios. Não me entendam mal: quem gostaria de expô-los a tais horrores? É indispensável impedir toda forma de violência. Mas não se trata de o mundo ter se tornado mais violento — penso isso e não sou a única; o que aumentou, e significativamente, foi a inquietação social em torno dos menores e a visibilidade dos perigos que correm. Essa ansiedade se intensificou ainda mais quando o número de filhos começou a diminuir: não só entraram em vigor a pílula e a camisinha e outros métodos anticoncepcionais,[42] não só se estendeu o tempo para tê-los, como também as mulheres descobriram que podiam ficar grávidas menos vezes ou nenhuma; e tem-se, com efeito, cada vez menos filhos nos países que ditam as normas do mundo.

Faço um resumo, fechando abruptamente a enciclopédia e todos os livros de história, porque o que quero dizer a seguir não está explicado em livro algum (o anjo, indignado, foi fumar no quintal). O que estava acontecendo sob o nariz de homens e mulheres era uma silenciosa revolução moral — ou, se preferirem, uma mudança de paradigma — na qual os filhos foram deixando de ser serviçais empregados no projeto familiar para se tornarem pessoas que precisam de proteção e de serviços. Dos menores aos maiores, os filhos passaram a ser objeto de atenção

---

42 Não pensem que foi simples o advento liberador da pílula. As feministas mais radicais se opuseram a ela porque eximia o homem de sua responsabilidade, enquanto tornava a mulher alvo de um amplo espectro de doenças venéreas. As antifeministas recusaram a pílula porque o método garantia que o papel social das mães perdesse vigência. E as mulheres casadas não podiam se dar ao luxo de tomá-la: a pílula era um atentado contra o casamento e os médicos se negavam a receitá-la.

desmesurada, seres sagrados dentro da ordem social ("que se mima, mas *não se toca*",[43] sugere, muito perspicaz, Andrea Jeftanovic), para os quais se dirigem hoje, mais do que nunca, os maiores esforços discursivos e um excesso de superdeveres que foram diligentemente transferidos das instituições para a casa.

O dever escolar, que antes era feito nas horas da escola ou era responsabilidade dos alunos, passou a ser dever de superpais e mães-totais que são obrigados a suprir ponto por ponto a educação e a proteção que o Estado não oferece mais. Não é de se estranhar que os progenitores — e não me refiro somente às mães voluntariosas de algum capítulo anterior e aos pais-colaboradores deste — se sintam pressionados a assessorar o filho no cumprimento de uma agenda sobrecarregada de compromissos sociais e atividades extracurriculares que melhorarão suas possibilidades no futuro.[44] Agora que a família

---

43 Trata-se de um jogo de palavras com a expressão em castelhano *"se mira pero no se toca"*, que significa que é possível olhar uma coisa, mas não mexer nela. A expressão é usada em contextos diversos, literais e figurativos, como, por exemplo, para se referir a um objeto frágil que não se pode tocar. [N. T.]   **44** A propósito de compromissos, aponto nesta nota que o cuidado da saúde, do qual se encarregava um único médico clínico ou de cabeceira ou da família, foi substituído por uma multiplicidade de especialistas a cujas consultas mãe e pai devem carregar seus sucessores.

das democracias capitalistas é entendida como *projeto*, o filho se transformou em sua realização. E foi considerada *missão moral* da família — missão socialmente imoral, é preciso assinalar — outorgar aos filhos tudo que precisam para seu sucesso futuro, e assim todas as responsabilidades dos menores foram assumidas, suas frustrações sofridas, seus desejos atendidos, suas faltas expiadas pelos progenitores.

Os progenitores foram expropriados do tempo e do espaço próprios ou do casal, subtraídos principalmente da mãe. Tão propensa, como sabemos, à ladainha do anjo-superprotetor (o anjo da guarda feminino!). Tão inclinada aos mandados contrários à liberação física e psíquica das mulheres-mães. Tão dada a pensar a inalcançável perfeição dos filhos como dever. Foi assim — essa é minha tese, espero estar persuadindo-as —, foi assim, repito, que o poder, a sociedade, a cultura ou como queiramos chamar essa força que nos mobiliza cegamente, foi assim que se estabeleceu um novo cordão umbilical para nos amarrar novamente à casa, apertando o nó das exigências domésticas a tal ponto que até o apoio do parceiro, quando há, e a divisão equitativa dos deveres, quando essa improvável divisão existe, se mostram insuficientes. Quatro braços e dois corpos e 24 horas no dia já não bastam, porque no quartel doméstico se duplicaram as ocupações e as responsabilidades.

Não é de se estranhar, então, que a mãe-ecológica e a supermãe, afobadas pela sobre-humana e inumana tarefa da criação, começassem a padecer de crises de ansiedade e ataques de pânico. Não é surpresa nenhuma que, de repente, uma ou ambas gritassem "estou exausta!". Que a mãe-ecológica fugisse para um centro de ioga integral. Que a supermãe começasse a tomar punhados de comprimidos de Prozac ou de Ritalina ou de seja lá como se chamar o novo relaxante, de tranquilizantes com um uísque duplo, de vez em quando, às escondidas, e que, atordoada, não soubesse como transformar sua insatisfação em ação. Que numa noite estacionasse seu carro na rua de casa e não soubesse onde estava. Que pensasse alguma vez em assassinar alguém. Não é de se admirar que desabasse, que o anjo-tornado-legião empreendesse voo satisfeito, deixando-a jogada na calçada.

Essa é uma cena imaginária. Não pretende representar a vida de cada uma das infinitas mulheres-mães deste mundo; o que estou tentando sugerir é que essa cena faz afundar suas pernas na arenosa realidade: ou vão me dizer que não ouviram falar de casos como esse em que a mãe se manda ou cai fulminada?

A partir dessa cena imaginária, mas imaginável, proponho que tamanha exigência superou, e inclusive derrotou, até a mãe acompanhada, que essa personagem está de saída (ou simplesmente está decidida a renunciar a alguma de suas tarefas), porque não conseguiu aguentar a crescente pressão em torno da criação. Insisto: mesmo quando a mãe chega a ser socorrida pelo parceiro ou parceira decidido ou decidida a colaborar com essa empresa de reduzido tamanho, a angústia, o excesso de tarefas e as culpas aumentam por todos os lados. Mesmo quando esse casal é dedicado, não consegue evitar cair no novo *zeitgeist* da criação. Eles acumulam deveres e perdem direitos, reduzindo-se a pouco mais do que servos.

Servos cada vez mais dominados por seus filhos, que de adultos-em-miniatura passaram a ser filhos-mimados e em seguida filhos teimosos e cada vez menos responsáveis pelo que é seu. Filhos dispostos a envergonhar seus pais com birras públicas, filhos e filhas que, já adolescentes, começam a se tornar abusadores.

Podem me acusar de estar sofrendo de um acesso paranoico, podem fazê-lo — como se vocês fossem filhos acusadores — para permitir que eu os refute: não se trata já de casos isolados de filhos agressivos, mas de um fenômeno preocupante para o qual a sociologia encontrou a categoria de filho-tirano ou síndrome-do-imperador. Começam a aparecer sisudos estudos que descrevem o rei-da-casa e o pequeno-ditador e abundam em conselhos: rotina, curso, disciplina, limites claros, deveres em casa, responsabilidades próprias e nenhuma explicação com argumentos daqueles que os filhos ignoram quando lhes convêm. Descobrindo de novo a pólvora, os especialistas agora sustentam que é preciso voltar à imposição de uma ordem familiar, que desapareceu. São palavras velhas que talvez soem a antiquada sabedoria popular e não são tão simples de impor hoje, daí a multiplicação desses tiranos. O estilo desta era desacreditou o antigo papel disciplinar que era outorgado ao patriarcal pai-de-família, como detentor do poder masculino, e inclusive à mãe, que não poucas vezes o substituía. Porque o mencionado "nos filhos não se toca" (Jeftanovic *dixit*) tem mais implicações do que a pedofilia e os maus-tratos: inclui o desaparecimento da norma, a extinção do necessário *não*, o funeral das punições, o desaparecimento de toda noção de limites às demandas crescentes dos filhos.

Os progenitores não podem mais exercer sua autoridade, nem de vez em quando, sob risco de serem julgados por se excederem e gerarem algum tipo de trauma no teimoso rebento. Talvez vocês não saibam, mas agora filhos e filhas contam com o direito de processar seus progenitores à menor provocação. E as escolas se tornaram a instituição que agiliza essa instância, que dá curso a tais procedimentos escutando o mero testemunho dos filhos. Dou um exemplo que, embora assombroso, não deixa de ser corrente hoje: uma artista foi processada por dar um tapa na sua filha de doze anos. A mãe exigira que ela trocasse de jaqueta para ir à escola: a que vestia estava suja. A filha, num chilique instantâneo, xingou a mãe. A filha levou um tabefe e a mãe, um processo judicial. Depois de um interrogatório com o diretor da escola, assessorado por carrancudas assistentes sociais, tiveram que depor perante um júri a mãe, o pai, o irmão menor da menina, e todos acabaram numa terapia familiar.

Anotem isso.

Há apenas duas décadas a cena do processo teria sido impossível. Impensável. Irrisória. Hoje, pelo contrário, é possível, pensável, legítimo e extremamente sério que isso aconteça, quando uma mãe ou um pai, superados os argumentos de praxe, respondem a gritos e insolências tentando pôr ordem. Sugerir palmada ou cascudos ou uma tarde sem televisão ou sem mesada ou um tempo olhando para a parede ou uma ducha fria — é claro que não estou falando de pancadas ou queimaduras ou tortura, não estou falando de dano corporal, não estou falando sequer de xingamentos, porque uma coisa é o aviso adequado e o oportuno castigo, outra coisa são os maus-tratos, e ninguém que eu consultei desconhece a diferença. Sugerir qualquer desses corretivos, que antes eram prática comum da casa, pertence agora ao prontuário da delinquência doméstica. Essa mudança lexical e legal da inofensiva e até necessária punição disciplinar para "violento castigo físico" ou, na língua destes tempos, "violência intrafamiliar", essa transformação ocorreu em apenas uma mudança de geração.[45]

Mais lento e prolongado foi, por sua vez, o percurso que marca a inversão da hierarquia dentro do lar: antes eram o pai e a mãe que detinham o poder, agora são os filhos que mandam, exigindo, como nunca, submissão e incondicionalidade absoluta de seus pais. Se deixarmos que façam isso, e estamos deixando com o consentimento da sociedade, esses filhos se tornarão nossos adversários: nossos acusadores, nossos juízes e carcereiros; nossos patrões-em-miniatura e nossos

---

45 Fui condenada por atrever-me a expor isso nesses termos, mas colocar no mesmo saco essas formas de disciplina e a verdadeira violência confunde os parâmetros do que é necessário criminalizar.

clientes, exigindo de nós imediata satisfação de seus desejos. Serão eles que nos consumirão.

Essa raça de filhos não é mais *nossa*, mas antes o instrumento que a sociedade criou para cercear como nunca nossa liberdade. Não somos mais os adultos que fomos, mas os diligentes servos desses pequenos seres premunidos de direitos sob a tutela do Estado e suas instituições: seus governantes e políticos, seus juristas, seus médicos, suas incautas professoras e suas avós.

Atenção, digo a vocês, com esses seres de carne e osso que, como anjos maus, exigirão de seus progenitores a prestação de contas no final de seus dias, se algum desses filhos decidir ir falar com vocês, pais e mães, no asilo onde estão cada dia mais sozinhos, lembrando, contritos, que procriaram e criaram com a esperança de ter uma família para a velhice.

É contra esses filhos temíveis que me rebelo.

Contra o advento do império desses tiranos.

Agradecimentos

Uma primeira investida contra os filhos apareceu na revista Etiqueta Negra *em 2010. A breve reflexão que propus ali daria origem a este ensaio à maneira de diatribe. Agradeço aos imprudentes editores do selo Tumbona, os escritores Vivian Abenshushan e Luigi Amara, por insistirem neste texto, apesar (ou por isso mesmo) de eles terem um filho, assim como a todas as escritoras, leitoras e amigas — com ou sem filhos — que me forneceram ideias fundamentais ao longo do período em que escrevi. Aproveitei também cada uma das críticas ferozes, as mais iracundas, as mais passionais, e os mais significativos debates e entrevistas que me permitiram afinar algum ponto, colocar de lado alguma bobagem e completar as reflexões para esta publicação. Agradeço aos meus editores entusiastas, com ou sem filhos, Vicente Undurraga e Melanie Jösch, Albert Puigdueta e Claudio López Lamadrid, por insuflarem uma nova vida a este pequeno livro.*

Contra los hijos © Tumbona Ediciones S.C. de R.L. de C.V., 2014
© Lina Meruane, 2014
c/o Rogers, Coleridge and White Ltd.

Todos os direitos desta edição reservados à Todavia.
Venda proibida em Portugal.

Grafia atualizada segundo o Acordo Ortográfico da Língua
Portuguesa de 1990, que entrou em vigor no Brasil em 2009.

capa
Paula Carvalho
ilustração da capa
Veridiana Scarpelli
preparação
Manoela Sawitzki
revisão
Ana Alvares
Livia Azevedo Lima

Dados internacionais de Catalogação na Publicação (CIP)

Meruane, Lina (1970-)
Contra os filhos : uma diatribe / Lina Meruane ; tradução
Paloma Vidal. — 1. ed. — São Paulo : Todavia, 2018.

Título original: Contra los hijos: una diatriba
ISBN 978-85-88808-07-2

1. Literatura chilena. 2. Ensaios. 3. Maternidade.
4. Polêmica. I. Vidal, Paloma. II. Título.

CDD Ch864

Índice para catálogo sistemático:
1. Literatura chilena : Ensaios Ch864

Bruna Heller — Bibliotecária — CRB-10/2348

todavia
Rua Luís Anhaia, 44
05433.020 São Paulo SP
T. 55 11. 3094 0500
www.todavialivros.com.br

fonte
Register*
papel
Avena
80 g/m²
impressão
Forma Certta